W0068258

Siegfried Wittwer

Glücklichsein kann man lernen

Saatkorn-Verlag Hamburg

3. Auflage

Saatkorn-Verlag GmbH, Grindelberg 13–17, 2000 Hamburg 13
Verlagsarchiv-Nr. 880 990
Umschlaggestaltung: Weidmüller-Design, Hamburg
Titelillustrationen: TIB/Don Weller
Gesamtherstellung: Grindeldruck GmbH, 2000 Hamburg 13
Printed in Germany 1990 · ISBN 3-8150-0660-0

Inhaltsverzeichnis

Vorwort

Viele Menschen leiden unter depressiven Verstimmungen, sind voller Aggressionen gegen sich und ihre Umwelt oder werden von Ängsten, Sorgen und Befürchtungen gequält. Die Gefühle, von denen sie beherrscht werden, sind vorwiegend negativ. Als Folge stellen sich psychosomatische Störungen ein, gesundheitliche Beeinträchtigungen, die in erster Linie auf psychische Belastungen zurückgehen. Dies drückt wiederum auf die Stimmung. Ein Teufelskreis entsteht.

Bis zu 80 Prozent all derer, die eine allgemeinärztliche Praxis aufsuchen, leiden unter psychosomatischen Störungen. Da die Ursachen häufig nicht erkannt werden, wird oft nur an den Symptomen herumkuriert. Zu einer dauerhaften Heilung kommt es nicht, da echte Hilfe nur möglich ist, wenn die psychischen Ursachen direkt angegangen werden.

Psychischen Stress, negative Gefühle am Mitmenschen „abzureagieren" oder zu unterdrücken hat wenig Sinn. Wir müssen also lernen, unsere Gefühle zu steuern, negative Stimmungen bewußt wahrzunehmen – und abzubauen. Mit anderen Worten: Es gilt, unsere Gefühlswelt positiv zu beeinflussen.

Daß dies gar nicht so schwer ist, zeigt dieses Buch. Erwiesenermaßen haben unser Denken und unsere Einstellung großen Einfluß auf unsere Gefühle. Diese

Tatsache können wir zu unserem Vorteil nutzen. So wie negatives Denken regelrecht krank machen kann, so können positive Denkweisen gesunden lassen: Unsere Gefühle werden aufgehellt, unsere Stimmung bessert sich — und unsere körperliche Gesundheit auch.

Dieses Buch will helfen, krankmachende Denkweisen und Einstellungen zu erkennen, damit sie abgebaut und neue, positive Denkweisen eingeübt werden können. Es macht auf Fehlhaltungen aufmerksam und nennt die wichtigsten Grundvoraussetzungen psychischer Gesundheit. Darüber hinaus weist es auf den sichersten Weg überhaupt zu seelischer Ausgeglichenheit und Lebensfreude hin: Vertrauen auf den Gott, der unser Schöpfer ist und der uns über alles liebt.

Endstation Sackgasse

Frau M. hatte eine bemerkenswerte Eigenschaft: Es gelang ihr bei jedem Gespräch, nach wenigen Sätzen auf ein negatives Thema zu kommen. Nichts war ihr gut genug. Überall hatte sie etwas auszusetzen, und auch in der besten Suppe fand sie immer noch ein Haar. Wenn sie von ihrer Vergangenheit sprach, dann schilderte sie im Grunde nur die Schlechtigkeiten ihrer Mitmenschen, mit denen sie zusammengelebt und -gearbeitet hatte. Zu ihren Verwandten bestand schon lange kein Kontakt mehr. Sie würden sowieso allesamt nichts taugen. Die Welt sei schlecht und würde von Tag zu Tag nur noch schlechter. Mehr gebe es von der Zukunft nicht zu erwarten.

Natürlich war Frau M. einsam. Ihre Mitmenschen mieden sie. Wer sie besuchen wollte, der mußte erst tief Luft holen, bevor er an ihrer Tür klingelte. Wenn man zwei Stunden später ihre Wohnung endlich verlassen konnte, war man froh, diese düstere Welt des Negativen hinter sich lassen zu dürfen. Es war so, als wenn man von einem Alpdruck befreit würde.

Sicherlich hatte Frau M. wie die meisten Menschen den Wunsch, glücklich zu werden. Aber dieses Lebensziel torpedierte sie durch ihre negative Einstellung so gründlich, daß ihr Leben nur noch ein Scherbenhaufen war.

Vielen unserer Mitmenschen geht es ganz ähnlich

wie dieser Frau. Wenn wir ihnen in der Stadt oder beim Einkaufen begegnen, zeigen sie oft gleichmütige oder auch freundliche Gesichter. Dies ist jedoch häufig nur Fassade, hinter der sich Gefühle der Enttäuschung und Niedergeschlagenheit, der Sorge, der Bitterkeit oder Hoffnungslosigkeit verbergen. So mancher von ihnen hat bisher kein gutes und erfülltes Leben kennengelernt. Als sie jung waren, erwarteten sie noch eine glückliche Zukunft. Mit zunehmendem Alter aber wurde der Optimismus der Jugendjahre immer mehr unter zahlreichen negativen und enttäuschenden Erlebnissen begraben.

So quälen sich viele Menschen durch die Jahre und ärgern sich mehr über Kleinigkeiten, als daß sie sich von Herzen freuen. Selbst Befindensstörungen und leichtere Erkrankungen werden zu Wermutstropfen auch in den schönen Augenblicken des Lebens. So mancher beginnt deshalb zu resignieren. Er findet sich mit seinem Unglücklichsein ab, als sei dies zwar unangenehm, aber doch normal und eben nicht zu ändern. Sein Lebensziel, glücklich zu werden, hat er schon seit langem als Illusion aufgegeben. Träume seien nun mal Schäume, und das Leben biete mehr Krankheit und Leid als Stunden des Glücks.

Vielen dieser Menschen ist nicht klar, daß sie selbst und nicht allein die Lebensumstände für ihre Nöte und ihre Krankheiten verantwortlich sind! Sie sehen nur schwer und widerstrebend ein, daß nicht die Ärzte versagt haben, sondern daß sie selbst durch ihre negative Lebenshaltung ihre Beschwerden und Schmerzen verursachen.

Der Grund für diese Blindheit ist sicherlich die Unwissenheit darüber, wie sehr körperliche, seelische und geistige Vorgänge voneinander abhängen und sich gegenseitig beeinflussen.

Zweigeteilt? – Niemals!

Obwohl die moderne psychobiologische Forschung schon seit langem bewiesen hat, daß Körper, Seele und Geist nicht voneinander getrennt werden können, sind heute immer noch viele Menschen überzeugt, eine vom Körper unabhängige Geistseele zu besitzen. Diesen Irrtum vom zweigeteilten Menschen verdanken wir den Philosophen und Theologen der Vergangenheit. Sie meinten, daß die menschliche Geistseele göttlich sei und ewig lebe, während der Körper von sündigen Trieben, Krankheiten und dem Tod bestimmt werde.

Diese Anschauung hatte zahlreiche negative Folgen und führte unter anderem zur Verneinung vieler Lebensfreuden und zur Verherrlichung eines leidvollen Daseins. Zahlreiche Christen glaubten deshalb, sie könnten Gott einen Gefallen erweisen, wenn sie sich selbst Leiden auferlegten oder sich quälten.

Die Lehre von der unsterblichen Geistseele hat ihren Ursprung in den heidnischen Religionen des Altertums und wurde stark von der griechischen Philosophie geprägt. Erst im dritten Jahrhundert nach Christus drang sie in das junge Christentum ein und beeinflußte ganz entscheidend das theologische und wissenschaftliche Denken.

Die Bibel vertritt dagegen ein völlig anderes Menschenbild, auch wenn einige Theologen immer noch versuchen, die Seelenlehre in die Heilige Schrift hineinzulesen. In zahlreichen Aussagen dieses Buches wird deutlich gemacht, daß Körper, Seele und Geist untrennbar miteinander verbunden sind und sich deshalb auch gegenseitig beeinflussen.

In Sprüche 17, 22 können wir lesen: „Fröhlichkeit ist gut für die Gesundheit, Mutlosigkeit raubt einem die letzte Kraft." (Die Gute Nachricht.) In Sprüche 14, 30 sagt Salomo: „Ein ausgeglichener Sinn erhält den Körper gesund; aber Eifersucht ist wie eine Krebsgeschwulst." Und in Sprüche 18, 14 fügt er hinzu: „Der Wille zum Leben unterwirft sich die Krankheit. Doch wer kann mit einem zerbrochenen Willen leben?"

Schon allein in diesen wenigen Aussagen wird deutlich, daß gefühlsmäßige Störungen körperliche Krankheiten hervorrufen können, während körperliche Leiden natürlich auch seelische Störungen verursachen. Genauso wird negatives Denken zu einem gestörten Seelenleben führen und eine chaotische Gefühlswelt Blockaden im Denken verursachen. Körper, Seele und Geist können also nicht voneinander getrennt werden. Darin sind sich die Schreiber der Bibel, aber auch die psychosomatisch arbeitenden Mediziner und Therapeuten einig.

Flucht in die Krankheit

James Mackenzie, ein weltberühmter Herzspezialist, litt selbst an einer schmerzhaften Herzkrankheit, der Angina pectoris. Um der medizinischen Forschung zu helfen, begann er, ein detailliertes „Tagebuch der Schmerzen" zu führen, worin er ausführlich die Symptome seines Leidens beschrieb. Er vermachte dieses Dokument testamentarisch der ärztlichen Wissenschaft und gab die Anweisung, daß man sein Herz nach seinem Tod sezieren und die Befunde mit den Aufzeichnungen vergleichen solle. Zu ihrer Überraschung fanden die Ärzte jedoch bei der Obduktion, daß Mackenzies Herz keinerlei Anzeichen einer organischen Erkrankung aufwies. Dieser berühmte Mediziner hatte also jahrelang als Invalide gelebt, obwohl sein Herz kerngesund war.

Fälle wie Mackenzies „Angina pectoris" führten zu einem Umdenken in der Ärzteschaft und zu der Entwicklung eines neuen Zweiges in der Medizin, der Psychosomatik. Psychosomatische Krankheiten, das heißt Krankheiten, bei denen körperliche Beschwerden durch eine seelische Störung hervorgerufen werden, nehmen heute einen breiten Raum in der Medizin ein. Man hat durch langjährige Untersuchungen herausgefunden, daß etwa 25 Prozent bis über 80 Prozent aller Patienten, die einen Arzt aufsuchen, an einer körperlich-seelischen Krankheit leiden.

Es gibt für diese Beschwerden eine Reihe unterschiedlicher Ausdrücke wie funktionelle Krankheit, vegetative Dystonie, psycho-vegetatives Syndrom und andere Bezeichnungen. Die Fachwelt ist sich bei der Namensgebung noch nicht ganz einig.

Die psychosomatisch Kranken sind manchen Ärzten recht lästig. Dies liegt nicht nur daran, daß sie durchschnittlich die Hälfte aller Patienten ausmachen, sondern daß die von ihnen vorgebrachten Beschwerden trotz genauer klinischer Untersuchungen keinen echten Befund ergeben.

Diese Patienten laufen deshalb von einem Spezialisten zum anderen. Sie behaupten auch oft, die Ärzte würden nichts taugen, weil sie keine klare Diagnose stellen könnten. Manche dieser Kranken finden eine gewisse Erleichterung ihrer Beschwerden, wenn sie zu Wunderheilern gehen oder auch solche Heilpraktiker aufsuchen, die okkulte Methoden benutzen wie das Pendeln oder modernere Spielarten des Aberglaubens. Das Vertrauen in die angeblichen Fähigkeiten solcher Heiler vermag tatsächlich für eine gewisse Zeit eine seelisch bedingte Krankheit zu dämpfen. Dauerhafte Heilung kann jedoch nur durch die Beseitigung der seelischen Belastung gefunden werden, die die körperlichen Beschwerden verursacht.

Wenn genaue Untersuchungen keinen eindeutigen Krankheitsbefund ergeben, weckt dies bei manchen Ärzten den Verdacht, daß diese Patienten sich nur „anstellen". Sie verordnen ihnen ein Psychopharmakon und sind vielleicht froh, wenn sie nicht mehr in die Sprechstunde kommen, weil durch solche Leute ihre medizinischen Fähigkeiten in Frage gestellt werden. Aber diese Menschen kommen wieder. Die Psychopharmaka haben ihnen zwar ein wenig geholfen, aber nicht die Ursache ihrer Beschwerden geheilt.

So dauert es meistens nicht lange, bis die Patienten zu Kuren verschickt werden. Nach einigen Monaten sitzen sie jedoch wieder im Wartezimmer, weil die Alltagssituation sie natürlich an ihre alten Probleme erinnert, ihre negativen Gefühle wieder aufleben läßt und damit auch die körperlichen Symptome.

Betrachten wir einmal den Krankheitsweg eines Patienten, der an psychovegetativen Beschwerden leidet. Der Psychiater und Arzt *Michael Balint* beschreibt ihn folgendermaßen: Durch eine seelische Grundstörung kommt es zu einem Konflikt oder einer Krise. Diese wirkt sich auf den Körper aus und verursacht unklare Beschwerden (Kopfschmerzen, Stiche in der Brust, Magendruck, Benommenheitsgefühle oder ständige Müdigkeit). Mit diesen Beschwerden geht er zum Arzt. Dieser kann jedoch keine körperliche Störung feststellen und beruhigt den Patienten. Er weist also dessen Beschwerdeangebot zurück und verordnet ihm wahrscheinlich ein Psychopharmakon. Weil der seelische Konflikt damit nicht beseitigt ist, kommt der Patient bald mit einem neuen Beschwerdeangebot. Vielleicht schmerzt ihn jetzt nicht mehr der Kopf, sondern die Augen, oder aus den Stichen in der Herzgegend sind Magenschmerzen geworden.

Auch jetzt ist es dem Arzt unmöglich, eine echte Krankheit festzustellen. Dieser Ablauf kann sich über längere Zeit wiederholen, bis der Arzt endlich eine körperliche Störung bestätigt. Wenn er zum Beispiel sagt: „Also, wissen Sie, Ihre Leberwerte sind nicht ganz in Ordnung", dann hat der Patient schließlich doch seine Krankheit, für die er dann von anderen bedauert und umsorgt wird.

Nach einer solchen Diagnose können sich Behandlungen bei Fachärzten, Kuren und Krankenhausaufenthalte anschließen. Diese Maßnahmen können zwar das Leiden lindern, aber allzuoft nicht endgültig beseitigen. Die Krankheit wird schließlich chronisch.

Der Vorteil für diesen Rückzug in eine erst unklare, dann aber echte Krankheit liegt auf der Hand: Wer krank ist, wird vor Belastungen geschützt. Er erfährt oft mehr Aufmerksamkeit und Zuneigung als ein gesunder Mensch. Ja, man kann seine Mitmenschen durch die eigene Krankheit sogar manipulieren und diktieren. Außerdem besteht häufig die Möglichkeit, frühzeitig in Rente zu gehen, so daß man von der Verantwortung der Arbeitswelt befreit wird. Oder man kann sich wenigstens krankheitsbedingte Vergünstigungen zusprechen lassen. Natürlich ist dies dem Betreffenden nicht immer bewußt. Vieles spielt sich so versteckt in seinem Inneren ab, daß er selbst keinen direkten Zugang dazu hat.

Diese durch Krankheiten erkauften Vorteile sind nicht nur für hysterisch oder hypochondrisch veranlagte Menschen attraktiv. Fast jeder hat schon einmal den Wunsch gehabt, krank zu sein, um sich schonen zu können oder um menschliche Zuwendung zu erhalten. Die meisten von uns gehen jedoch den aufgezeigten Leidensweg nicht bis zu seinem Ende. Schonung und Zuwendung scheinen im ersten Augenblick erstrebenswerte Vorteile dieser Flucht in die Krankheit zu sein. Aber es gibt auch entscheidende Nachteile. Der Rückzug in eine Atmosphäre des Leidens führt letztlich zu Gefühlen des Unglücklichseins und der Niedergeschlagenheit. Dazu hat Gott uns jedoch nicht in diese Welt gestellt. Er möchte unser Wohlergehen. Er will, daß unser Dasein von der Freude bestimmt wird. Deshalb hat er uns in der Bibel eine Reihe von Ratschlägen gegeben, die uns helfen, unser Leben glücklicher zu gestalten.

Wenn uns
die Galle überläuft

Uns allen ist eine Reihe von Redewendungen in der deutschen Sprache bekannt, die deutlich machen, wie sehr Körper und Gefühle voneinander abhängig sind. Einige wenige Beispiele sollen das aufzeigen:

Wenn wir in eine „atemberaubende Situation" geraten, kann uns „die Luft wegbleiben". Wir „zittern vor Angst" oder sind „vor Schreck wie gelähmt". Haben wir ein gutes Essen vor Augen, dann „läuft uns das Wasser im Munde zusammen". Müssen wir „an einem schweren Brocken knabbern", kann uns etwas davon „im Halse stecken bleiben". Wir können uns auch so sehr ärgern, daß uns „die Galle überläuft". Wenn jemand uns verletzt, reagieren wir „sauer", wobei eigentlich der Magen gemeint ist, der den „Ärger nicht verdauen" kann.

Schon diese wenigen Redensarten zeigen den engen Zusammenhang zwischen unserer gefühlsmäßigen Verfassung und unserem Körper. Obwohl die Psychosomatik verglichen mit der Chirurgie ein recht junger Zweig der Medizin ist, war den Menschen schon seit biblischen Zeiten bewußt, daß unsere Gedanken und Gefühle körperliche Reaktionen hervorrufen.

Die Erklärung dieser Zusammenhänge ist im Grunde genommen recht einfach. Unsere Gefühle steuern und beeinflussen die körperlichen Vorgänge über die Hormone und das vegetative Nervensystem.

Die Stärke dieser Beeinflussung ist dabei von der Intensität und der Dauer der Gefühle abhängig. Ein starkes oder langanhaltendes Gefühl ruft also eine heftigere körperliche Reaktion hervor als ein oberflächliches und kurzlebiges.

Betrachten wir zunächst einmal die Folgen einer schweren seelischen Erschütterung oder Verletzung, eines sogenannten Traumas. Ein typisches Beispiel dafür ist das Schicksal einer Frau, die jahrelang als Stadtstreicherin von Abfällen aus Mülltonnen oder vom Diebstahl gelebt hatte. Eines Tages griff ein junger Polizist sie auf und fühlte sich gedrängt, über diese Frau Nachforschungen anzustellen. Es wunderte ihn nämlich, daß sie immer wieder vor sich hinmurmelte: „Ich bin aus gutem Hause. Ich komme aus der High-Society."

Nach langwierigen Untersuchungen und einer psychiatrischen Behandlung stellte sich heraus, daß diese Stadtstreicherin die Tochter eines britischen Botschafters war und früher in großem Luxus gelebt hatte. Eines Tages wurde sie brutal überfallen. Durch diese Gewalttätigkeit erlitt sie einen solch großen Schock, daß sie ihr Gedächtnis fast vollständig verlor. Zwanzig Jahre blieb sie verschollen. Alle Nachforschungen der Familie waren vergeblich, bis der junge Polizist ihre wahre Herkunft herausfand. Durch eine fachärztliche Behandlung konnte sie wieder vollständig geheilt werden.

Die schwere seelische Erschütterung hatte bei dieser Frau fast alle Erinnerungen gelöscht. Bildung, Intelligenz und soziale Stellung können also nicht vor einer solchen Traumatisierung bewahren. Bei anderen, vornehmlich hysterisch veranlagten Männern und Frauen können schockierende Erlebnisse zu Lähmungen, Erblindung, Hörverlust oder zu völliger

Teilnahmslosigkeit führen. Glücklicherweise erfährt die Mehrzahl der Menschen keine derart starken seelischen Erschütterungen.

Die durch ein Trauma gelähmten, erblindeten oder taubstumm gewordenen Menschen sind oft auch die Patienten, die durch „Geistheiler" oder an bestimmten religiösen Wallfahrtsorten so „wunderbar geheilt" werden. Der Glaube an den jeweiligen Heiler, den verehrten heiligen Gegenstand oder den „Heiligen" kann also in manchen Fällen die Folgen der seelischen Erschütterung zurückdrängen. Natürlich sind die Heilerfolge der psychiatrischen Kliniken in dieser Beziehung wesentlich besser. Es wird nur nicht soviel darüber in der „Regenbogenpresse" berichtet.

Die meisten seelisch bedingten Krankheiten sind nicht die Folge von großen, aufwühlenden Erlebnissen oder Schicksalsschlägen. Sie werden vielmehr von den negativen Gefühlen verursacht, die wir tagtäglich hegen. Schauen wir uns deshalb an, wie sich beispielsweise das Gefühl der Wut körperlich auswirkt:

Zunächst röten sich die Gesichtshaut und der Augapfel. Die Lippen werden schmal, während die Kiefermuskeln sich spannen. Die Fäuste werden geballt, und der Körper beginnt zu zittern, häufig auch die Stimme. Die Veränderungen im Innern des Körpers sind jedoch noch viel tiefgreifender. Wenn wir uns ärgern oder wütend sind, gerinnt unser Blut viel schneller, als es normalerweise der Fall ist. Das ist eine sinnvolle Einrichtung, die Gott unserem Körper mitgegeben hat, weil es bei wütenden Menschen leicht zu tätlichen Auseinandersetzungen und damit zu körperlichen Verletzungen kommen kann.

Vom Beginn des Ärgers an erhöht sich die Zahl der Blutplättchen um eine halbe Million pro Kubikmillimeter. Die Muskeln am Magenausgang ziehen sich so fest zusammen, daß die Speise nicht in den Darm weiterbefördert wird. Damit fließt auch die erhöht produzierte Salzsäure mit dem vermehrt ausgeschütteten Verdauungsenzym Pepsin nicht mehr ab und greift mit der Zeit Magenschleimhaut und Magenwand an. Dies führt wiederum zu Magenschleimhautentzündungen und Geschwüren.

Die Forscher *S. Wolf* und *H. G. Wolff* entdeckten, daß bei Ärger oder Wut die Kapillargefäße im Magen reißen können, so daß Blutungen entstehen. Man kann sich also regelrecht ein Loch in den Bauch ärgern! Der Herzschlag wird stark beschleunigt, manchmal bis zu 220 Schlägen und mehr. Auch der Blutdruck geht steil in die Höhe, so daß böse Folgen eintreten können. Immer wieder hört man von Menschen, die bei heftigem Ärger einen Schlaganfall oder einen Herzinfarkt erlitten. Wut und Ärger sind also ungesunde, manchmal sogar tödliche Gefühle, wenn man nicht lernt, sie abzubauen!

Atmen heißt Leben

Wir wollen nun an einem weiteren Beispiel sehen, wie sich seelische Belastungen auf unseren Körper auswirken können. Im Schöpfungsbericht der Bibel lesen wir, daß Gott dem Menschen seinen Atem einblies und dieser dadurch ein lebendiges Wesen wurde. Der Ausdruck „Er gibt seinen Geist auf" bedeutet deshalb auch in der hebräischen Sprache: „Er gibt seinen Atem auf", „er hört auf zu atmen". Wenn nach Aussagen der Bibel Atmen und Leben zusammengehören, dann wird sich eine Störung des Lebens auch immer in einer gestörten Atemfunktion ausdrücken.

Manche Sprichwörter in unserer Sprache verdeutlichen dies sehr anschaulich: „Es verschlägt mir den Atem" oder „Mein Atem stockt", sagen wir, wenn uns etwas ängstigt oder erschreckt. „Ich wage kaum zu atmen", wenn ich in einer „atemberaubenden Situation" bin. Will ich meiner Wut „Luft machen", dann werde ich den anderen „anpfeifen" oder „ihm etwas pusten", um „Dampf abzulassen"!

Wir sehen schon an diesen wenigen Ausdrücken, wie eng der Atem mit unseren Gefühlen verbunden ist. Wenn wir aufgeregt sind, werden wir schneller atmen als gewöhnlich. Dies erscheint uns nicht besonders wichtig, aber es kann doch unseren Körper stärker beeinflussen, als uns bewußt ist. Normalerweise atmen wir im Ruhezustand 16–18mal in der Minute. Steigern wir die Atemzüge auf über 22 in der Minute, dann gibt das Blut über die Lungen mehr Kohlensäure ab, als im Körper nachgebildet werden kann. Infolgedessen sinkt der Kohlensäuregehalt des Blutes allmählich ab, ohne daß der Sauerstoffgehalt wesentlich steigt. Ändert sich dieser Zustand nicht, entsteht manchmal ein Kribbeln unter der Haut. Nach einiger Zeit folgt ein deutlich wahrnehmbares Gefühl des „Absterbens" der Finger, der Hände oder Füße. Gleichzeitig erhöht sich der Herzschlag. Atmet man weiter tief und schnell, wie dies bei Aufregung oder in Stress-Situationen der Fall ist, dann fängt das Herz an zu galoppieren. Man beginnt innerlich zu zittern. Schon bald breitet sich dieses Zittern über den ganzen Körper aus. Der Kopf fühlt sich dumpf, hohl oder leer an. Schließlich kann eine Ohnmacht oder ein Starr-krampf eintreten.

Man nennt dieses zu schnelle oder zu tiefe Atmen „Hyperventilation". Natürlich durchläuft nicht jeder in seiner Erregung alle die aufgezeigten Phasen und Symptome, aber in der Regel fühlen sich Menschen, die hyperventilieren, schwer herzkrank, obwohl die Ärzte kein organisches Leiden feststellen können. Schon oft wurden solche Patienten mit dem Notarzt-wagen ins Krankenhaus gefahren, weil man vermu-tete, sie hätten einen Herzanfall. Auch nächtliche Beinkrämpfe werden häufig durch Hyperventilation hervorgerufen. Wenn wir nachts im Traum erregende Situationen nacherleben, wie wir sie zum Beispiel in einem Film gesehen haben, beginnen wir schneller als normal zu atmen. Vielleicht kann diese Erkenntnis für uns ein Anstoß sein, nicht jeden Film anzuschauen, um unsere Gefühle nicht unnötig zu belasten.

Was zuviel ist, ist zuviel

Stellen Sie sich einmal die folgende Situation vor: Sie putzen die Fenster im dritten Stock eines Hauses. Plötzlich gleiten Sie aus und können sich gerade noch am Fenstersims festhalten! Was meinen Sie, wie lange könnten Sie sich dort festklammern? Es gibt einen einfachen Test dafür, der dabei nicht gefährlich ist. Sie nehmen eine Stoppuhr und gehen in den Garten, um dort an der Teppichstange Ihre Kräfte in einem kleinen Versuch zu testen. So einleuchtend dieser Gedanke auch sein mag, die im Garten gestoppte Zeit ist kein realistisches Ergebnis für die gefährliche Situation am Fenstersims. Es ist ein Unterschied, ob wir acht Meter oder nur 80 Zentimeter über dem Erdboden hängen.

Der Schöpfer hat unseren Körper mit einem System versehen, das uns fast übermenschliche Kräfte zur Verfügung stellt, wenn es um Tod und Leben geht. So verdrosch eine achtzigjährige, gebrechliche Dame einen körperlich weit überlegenen jungen Mann, der sie überfallen hatte, so gehörig, daß er in panischer Angst davonlief.

Die wichtigsten Erkenntnisse über dieses Schutzsystem unseres Körpers haben wir erstmals von dem bekannten Stress-Forscher *Hans Selye* erhalten. Er befaßte sich intensiv mit der Hypophyse und den anderen endokrinen Drüsen, die Hormone für die

Aufrechterhaltung unseres Wohlbefindens und zum Schutz des Lebens herstellen.

Die Hypophyse befindet sich innerhalb der Schädelkapsel an der Hirnbasis, eingebettet in einer Knochenschale. Obwohl sie nur etwa die Größe einer Erbse hat, ist sie eine Hauptschaltstelle für den ganzen Körper. Sie produziert nämlich zahlreiche Hormone bzw. regt deren Produktion an, wodurch fast alle körperlichen Vorgänge beeinflußt oder gesteuert werden. Bei der gefährlichen Situation am Fenstersims bewegt sie beispielsweise das Nebennierenmark, das Hormon Adrenalin auszuschütten, um dadurch übermenschliche Kraft und Ausdauer zur Erhaltung des Lebens zu entwickeln.

Für uns ist nun interessant, daß nicht nur Gefahren für das Leben, Verletzungen, zu große Kälte oder Hitze, Bakterien oder Viren die Absonderungen von Hormonen hervorrufen. Prof. *Selye* fand auch heraus, daß seelische Probleme oder Unlust- und Unzufriedenheitsgefühle schwere Belastungen für den Körper sind und deshalb zu einer Ausschüttung von Hormonen führen.

So gibt es ein harntreibendes Hormon, das die Nieren zu vermehrter Ausscheidung reizt. Sie werden sicherlich selbst schon beobachtet haben, daß besonders Kinder häufig zur Toilette müssen, wenn sie unter seelischem Druck stehen oder sehr aufgeregt sind.

Ein letztes Beispiel für den Einfluß seelischer Belastungen auf den Körper soll das von der Hypophyse produzierte Hormon STH (somadotropes Hormon) sein. STH erzeugt erstens ein Krankheitsgefühl, wenn wir uns eine Infektion zugezogen haben. Zum anderen mobilisiert es auch die Abwehrkräfte des Körpers. Beides muß Hand in Hand laufen, damit wir wieder gesund werden können. Ohne Krankheitsgefühl werden wir nichts gegen die Infektion unternehmen, und ohne die Mobilisierung der Abwehrkräfte helfen uns die Medikamente nur wenig. Eigentlich sind es nicht die Giftwirkungen der Viren oder Bakterien, die uns das Gefühl geben, krank zu sein, sondern das STH.

Wenn wir uns eine Erkältung zugezogen haben, werden wir uns durch den Einfluß des STH ein wenig müde fühlen und keinen Appetit haben, während sich die Körpertemperatur etwas erhöht. Es können sich außerdem leichte Kopfschmerzen einstellen. Weitet sich die Infektion im Körper aus, wird mehr STH ausgeschüttet, wodurch wir uns noch elender fühlen. Es entstehen Rötungen und Schwellungen am Infektionsherd. Temperatur, Appetitlosigkeit und Kopfschmerzen steigern sich, Eiweiß findet sich im Urin und vieles andere mehr. Zu diesem Zeitpunkt sind wir uns endgültig sicher, daß uns eine Krankheit in den Knochen steckt, und wir gehen zum Arzt. Käme es bei einer Infektion nicht zur Ausschüttung des STH, würden wir wahrscheinlich unsere Krankheit auf die leichte Schulter nehmen und dadurch unsere Gesundheit endgültig ruinieren, wenn nicht sogar unser Leben aufs Spiel setzen. Körperliche Beschwerden veranlassen uns also, bestimmte Lebenssituationen und Gewohnheiten zu ändern, um wieder gesund zu werden.

Prof. *Hans Selye* hat nun herausgefunden, daß es auch dann zu einer vermehrten Produktion von STH kommt, wenn wir von unguten Gefühlen beherrscht werden oder wenn innere – vielleicht auch unbewußte – Konflikte uns belasten. Wenn jemand unzufrieden ist mit seinem Leben, seinem Ehepartner oder seiner Arbeit, dann erhöht sich der STH-Spiegel im Blut. Der Betreffende fühlt sich oft müde oder benommen. Ihm fehlt der innere Schwung. Dabei ist er innerlich unruhig und wird von Kopfschmerzen geplagt. Hält die STH-Belastung an, verstärken sich nicht nur diese körperlichen Symptome, es kann auch zu echten organischen Schäden kommen.

Prof. *Selye* konnte dies an Tieren beobachten, die er einem bestimmten organischen Reiz aussetzte, während er ihnen gleichzeitig STH einspritzte. Wenn er das Versuchstier mit stark salzhaltiger Kost fütterte und gleichzeitig STH spritzte, trat hoher Blutdruck auf. Setzte er die Gelenke der Tiere Feuchtigkeit und Kälte aus, kam es zu Arthritis. Gab er ihnen eine hochprozentige Eiweißdiät, bewirkte das STH Nierenschrumpfung. Durch ein harmloses Inhalationsmittel konnte Prof. *Selye* in Verbindung mit STH Asthma hervorrufen.

Wir sehen schon an diesen wenigen Beispielen, daß eine Überproduktion von STH in Verbindung mit einem an sich nicht so schlimmen körperlichen Reiz schwere organische Krankheiten hervorrufen kann. Weil nun aber auch negative Gefühle eine erhöhte Ausschüttung des STH bewirken, ist verständlich, daß Unzufriedenheit, Angst, Haß, Mutlosigkeit und andere ungute Stimmungen unsere Gesundheit schädigen. So kann eine heitere und ausgeglichene Natur trotz krankmachender Reize eine bessere Gesundheit besitzen als ein miesepetriger Zeitgenosse. Oder anders gesagt: Wer ständig von negativen Gefühlen beherrscht wird, handelt sich eine doppelte Belastung ein: Seine negative Stimmung verhindert erstens, daß er glücklich ist, und ruft zweitens körperliche Beschwerden hervor, die seine unguten Gefühle noch weiter verstärken. Wir sollten uns also im Falle einer Krankheit nicht nur zum Arzt begeben, sondern uns auch gleichzeitig fragen, ob nicht die Ursache unserer

Beschwerden in Wirklichkeit woanders liegt. Es ist sicherlich sinnvoll, nicht nur den krankmachenden körperlichen Reiz auszuschalten, sondern auch zu lernen, die negativen Gefühle abzubauen, die uns genauso schädigen wie ein Grippevirus.

„Schlucken" oder rausschreien?

Husten kann eine unangenehme Sache sein, besonders wenn er lange anhält und zu unpassenden Gelegenheiten auftritt. Frau H. wurde schon seit zwei Jahren davon gequält. Trotz Untersuchungen bei verschiedenen Spezialisten und Einnahme von wirksamen Medikamenten verschlimmerte sich der Husten von Woche zu Woche. Schließlich suchte Frau H. einen Arzt auf, der nicht nur Mediziner, sondern auch Seelsorger war. Als dieser gleich zu Anfang die Frage stellte, welcher Kummer sie belaste, antwortete sie ohne Zögern, daß es um ihren Enkel gehe. Er sei in die DDR gezogen und habe dort ohne kirchliche Trauung geheiratet. Sie selbst sei zu der Hochzeit nicht eingeladen worden, obwohl sie sich mit ihm immer gut verstanden habe. Sie habe nie darüber geklagt, aber es belaste sie doch ein wenig.

Als der Arzt das Gespräch auf ihre religiöse Einstellung lenkte, bekannte die Frau, sehr gläubig zu sein und jeden Tag zu beten. Der Arzt erklärte nun, was man unter dem Willen Gottes zu verstehen habe und daß man sich als Christ in diesen Willen fügen solle, weil Gott einen besseren Überblick habe als wir Menschen. So müsse auch sie das Verhalten ihres Enkels betend hinnehmen und glauben, daß Gott letztlich alles zum Besten führt.

In den folgenden Wochen sprach sich Frau H. im

Gebet mit Gott darüber aus, was sie bedrückte und ärgerte. Sie entschloß sich, den Willen Gottes anzunehmen, und dankte ihm für seine Führung. Ihr wurde bewußt, daß Christen trotz allen Geschehens fröhliche Menschen sein können. So versuchte sie, offene Augen für das Schöne des Lebens zu haben. Es dauerte nicht lange, bis sie ihren Husten vollständig verloren hatte.

Es gilt heute als gesichert, daß eine ungute Gefühlswelt uns körperlich krank macht. Wenn wir Ärger oder Enttäuschungen in uns hineinfressen, dürfen wir uns nicht wundern, wenn sie sich an anderer Stelle schmerzhaft bemerkbar machen. Diese körperlichen Beschwerden wiederum verstärken unsere negativen Gefühle, so daß wir in einen regelrechten Teufelskreis gelangen, in dem sich ungute Gefühle und körperliche Beschwerden wechselseitig verstärken. Die Frage ist nun, wie wir aus diesem Kreis negativer Wechselwirkungen ausbrechen können. Was müssen wir tun, um innerlich ausgeglichen und glücklich zu sein und uns körperlich wohl zu fühlen?

Die Frage wäre schnell beantwortet, wenn es ein Patentrezept zur Kontrolle negativer Gefühle gäbe. Manchmal bekommt man den Rat: „Du mußt dir deinen Frust so richtig von der Seele schreien. Wenn du alles in dich hineinfrißt oder verdrängst, wirst du dir nicht nur körperliche Störungen einhandeln, sondern auch neurotisch erkranken." Tatsächlich ist es eine beliebte Methode eines bestimmten Menschentyps, die unangenehmen, enttäuschten oder wütenden Gefühle lautstark oder sichtbar abzureagieren. Man schimpft, schreit den anderen an, knallt die Türe zu oder macht zumindest ein muffeliges Gesicht. Die Erfahrung zeigt, daß dieses Abreagieren eine gewisse Erleichterung verschafft − vorausgesetzt, man hat in seiner Wut nicht soviel Porzellan zerschlagen, daß man später voller Schuldgefühle ist. Hier wäre nur ein negatives Gefühl gegen ein anderes ausgetauscht worden, und das ist auch keine Lösung.

Die stillen, in sich gekehrten Menschen neigen dagegen mehr dazu, ihren Ärger oder ihre Enttäuschung hinunterzuschlucken oder zu verdrängen. Äußerlich erscheinen sie vielleicht ruhig und ausgeglichen, aber innerlich brodelt es. Weil sie den Dampf nirgendwo richtig ablassen, können sie wochenlang an einer negativen Erfahrung „knabbern". Was unverdaulich ist, liegt uns eben lange im Magen, wenn wir es, ohne nachzudenken, hinunterschlucken.

Werden schwere Probleme einfach verdrängt, kann es sogar zu einer seelischen Erkrankung, einer Neurose kommen. Die Verdrängung beseitigt nämlich nicht die unangenehmen Gefühle, sondern legt sie nur im Unterbewußten ab, wo sie der menschlichen Kontrolle entgleiten. So stellte sich bei einer Hausfrau ein krankhafter Waschzwang ein, nachdem ein Vertreter ihr sexuelle Angebote gemacht hatte, die von ihr nicht eindeutig zurückgewiesen wurden. Wie Pilatus versuchte sie nun unbewußt, ihre Hände in Unschuld zu waschen, bis ein Psychiater ihr riet, diesem Vertreter brieflich gehörig die Meinung zu sagen. Erst nachdem sie dies getan hatte, hörte der Waschzwang auf. Eine Verdrängung negativer Erlebnisse bringt also keine Hilfe, sondern macht seelisch krank.

Wenn wir das Abreagieren negativer Gefühle kritisch unter die Lupe nehmen, werden wir schnell merken, daß es neben der augenblicklichen Erleichterung auch erhebliche Nachteile bringt. Zum ersten stellt das Abreagieren oder Dampfablassen nichts anderes als eine Diktatur der negativen Gefühle dar. Der Mensch kann sich nicht mehr kontrollieren, sondern wird von seinen Gefühlen beherrscht. Immer wieder können wir in der Zeitung von Menschen lesen, die im Wutaffekt völlig „ausgerastet" sind und Mitmenschen krankenhausreif- oder sogar totschlugen. Wer also seinen Gefühlen ständig blindlings folgt, der wird mit der Zeit unfähig, sich selbst zu bestimmen oder vernünftig zu handeln. Salomo kommentiert solches Verhalten mit den folgenden Worten: „Der Dummkopf gibt jedem Ärger freien Lauf; der Kluge kann sich beherrschen." (Sprüche 29, 11, Die Gute Nachricht.)

Die Bibel macht deutlich, daß wir Menschen keine reinen Gefühlswesen sind. Wir sollen uns deshalb durch Verstand und Willen kontrollieren und gegenüber Gott und Mitmenschen verantwortlich handeln. Wir dürfen also nicht in unserer Wut eine Vase nehmen und sie auf dem Schädel unseres Gegners zertrümmern, auch wenn wir dies gerne wollten. Die aggressiven Impulse müssen von uns vielmehr verantwortlich kontrolliert werden, und dies nicht nur dann, wenn wir es mit einem Stärkeren zu tun haben.

Betrachten wir einen zweiten kritischen Aspekt des Abreagierens. Wenn wir unseren negativen Gefühlen ständig freien Lauf lassen, stellen sich genauso körperliche Symptome ein wie bei der Verdrängung. Wer immer wieder „vor Wut platzt", dem könnte eines Tages auch eine Ader im Gehirn platzen. Wir sagen zwar in einem solchen Fall: „Den hat der Schlag getroffen." In Wirklichkeit wurde er jedoch von seinen eigenen Gefühlen niedergestreckt. In der Bibel lesen wir deshalb: „Ein ausgeglichener Sinn erhält den Körper gesund; aber Eifersucht ist wie eine Krebsgeschwulst." (Sprüche 14, 30, Die Gute Nachricht.)

Ein dritter Ansatzpunkt zur Kritik ist die Entwicklung einer schädlichen Gewohnheit. Lassen wir unseren Stimmungen immer wieder freien Lauf, dann üben wir dieses Verhalten auf lange Zeit gesehen durch die ständige Wiederholung ein. Die negative Gefühlsreaktion verstärkt sich mehr und mehr und setzt sich schließlich als Gewohnheit fest. Je öfter wir in einer bestimmten Weise reagieren, desto häufiger werden wir uns weiter so verhalten und uns auch dementsprechend fühlen. Deshalb kann uns eine schlechte Gewohnheit regelrecht versklaven und unser Leben vergiften.

Weder das „Schlucken" noch das Herausschreien von Wut und Enttäuschung sind empfehlenswerte Wege, um inneren Frieden zu finden und Gefühle der Freude, der Liebe und des Glücks zu entwickeln. Wir müssen vielmehr Möglichkeiten finden, unsere Gefühle zu beeinflussen oder sie abzubauen. Wenn wir daran interessiert sind, unser seelisches Gleichgewicht zu stabilisieren, und dafür auch ein wenig Arbeit an uns selbst investieren, können wir tatsächlich lernen, glücklich zu sein.

Schicksal ist nicht Schicksal

Herr D. hatte sich hohe Ziele für sein Leben gesteckt. Aber wie sehr er sich auch abmühte, keiner seiner anspruchsvollen Träume wollte in Erfüllung gehen. Seine Eltern waren sehr erfolgreich in ihren Berufen. Seine ehemaligen Kameraden hatten sichere und gut bezahlte Positionen und waren glücklich verheiratet. Nur bei ihm ging alles schief. Ohne eigenes Verschulden verlor er seine Stellung und war lange Zeit arbeitslos. Schließlich mußte er einen Job annehmen, der weit unter dem Niveau seiner Ausbildung lag und außerdem schlecht bezahlt wurde. Zwar hatte er ein paar Kameraden, aber keine echten Freunde. Auch in seinen Beziehungen zum anderen Geschlecht war er mehrfach gescheitert. Während der Seelsorgegespräche saß er die ganze Zeit mit zum Boden gesenkten Blick auf dem Sessel, lamentierte über sein verpfuschtes Leben und klagte über Magenbeschwerden und Schlaflosigkeit. Nachdem eine monatelange fachärztliche Behandlung keinen Erfolg gezeigt hatte, hoffte er bei mir das richtige Rezept gegen seine Beschwerden und seine Erfolglosigkeit zu erhalten. Es dauerte lange, bis Herr D. einsah, daß nicht die bösen Lebensumstände, sondern er selbst die Ursache seines bisherigen Mißerfolgs war. Die Änderung seiner Einstellung fiel ihm sehr schwer.

Dieser Mann hatte sich im Laufe seines Lebens

angewöhnt, nur das Negative bei sich selbst zu sehen. Weil er seine Gedanken und seinen Blick ständig auf seine Niederlagen und schlechten Erlebnisse lenkte, konnte er bald nicht mehr anders, als gewohnheitsmäßig alles schwarz in schwarz zu malen und pessimistisch zu beurteilen. Er wollte, daß alles in seinem Leben absolut perfekt sein sollte. Im Beruf wollte er zu höchsten Positionen aufsteigen. Luxuswohnung, Nobelauto und dickgepolstertes Bankkonto waren seiner Meinung nach die Voraussetzungen für ein glückliches Dasein. Auch im Privatleben sollte alles hundertprozentig klappen, einschließlich der Heirat einer Traumfrau. Alles sollte perfekt und ideal sein, und er war enttäuscht, daß sich diese Wünsche nicht erfüllten.

Hinter solch starken, perfektionistischen Ansprüchen steckt ein handfester Egoismus. Wer immer nur fordernd das Beste vom Leben erwartet, versucht eigentlich nur ichsüchtig seinen Willen durchzusetzen. Läßt sich der eigene Wille jedoch nicht verwirklichen, ist der Betreffende sauer und deprimiert. So kommt er zu der Überzeugung: Ist etwas nicht ideal, dann ist es schlecht! Wir sehen an dem Beispiel dieses Mannes, daß Egoismus, Perfektionismus und Pessimismus drei entscheidende Störenfriede unseres seelischen Gleichgewichts sind. Haben wir uns eine derartige Denk- und Verhaltensweise angewöhnt, dürfen wir uns nicht wundern, wenn wir von Ärger oder Enttäuschung, vielleicht sogar von Lebensangst und schwerer Depression beherrscht werden.

Eine ähnliche Lebenshaltung wie Herr D. hatte sich auch Direktor G. angewöhnt. Obwohl er ständig die Leiter des Erfolgs und des Wohlstands hinaufgeklettert war, obwohl er eine nette Frau und gesunde Kinder hatte, war er nie zufrieden. Ständig beklagte er sich und wertete auch das Gute ab, weil es ihm nicht gut genug war! Er ist ein typisches Beispiel dafür, daß nicht schlechte Lebensbedingungen die Ursache für eine unzufriedene Grundstimmung sein müssen; denn bei ihm war fast alles ideal. Er führte genau das Leben, von dem Herr D. so sehnsüchtig träumte, und doch war er unzufrieden. Direktor G. dachte genauso egoistisch, perfektionistisch und pessimistisch wie der glücklose Versager. Deshalb können wir annehmen, daß Herr D. seine Unzufriedenheit nicht verloren hätte, wenn er so erfolgreich gewesen wäre wie Direktor G. Glücklichsein hängt nicht vom Erfolg ab, sondern von einer positiven und zufriedenen Grundeinstellung.

Es ist nicht verwunderlich, daß Direktor G. sehr oft im Wartezimmer seines Arztes saß und über typische psychosomatische Beschwerden klagte. Ich erfuhr später von seinen Angehörigen, daß er durch Selbstmord aus dem Leben geschieden war. Trotz aller guten Chancen hatte er am Leben vorbeigelebt.

Das ganze Gegenteil von diesen beiden Pessimisten ist Frau H. Von Kindheit an hatte sie es schwer gehabt. Die beiden Weltkriege zerstörten so manche Hoffnung und auch ihr persönliches Glück. Aber sie ließ sich dadurch nicht entmutigen. Durch eine Krankheit verlor sie einen großen Teil ihres Augenlichts und war deshalb oft auf die Hilfe anderer angewiesen. Ihr Einkommen war so gering, daß das niedrige Gehalt von Herrn D. dagegen schon fürstlich gewesen wäre. Trotz all dieser Schicksalsschläge und Nachteile hörte man Frau H. niemals jammern oder klagen. Im Gegenteil, sie schien Trübsinn und Niedergeschlagenheit überhaupt nicht zu kennen! Sie freute sich am Schönen des Lebens und trug mit Gelassenheit, was sich nicht zum Positiven ändern ließ. Es war kein Wunder, daß jeder sie gern mochte und sich von ihrem Optimismus anstecken ließ. Frau H. hatte sich eine positive Betrachtungsweise des Lebens angewöhnt. Ihr Denken kreiste nicht ständig um ihre Niederlagen und Verluste, sondern orientierte sich dankbar an den guten Tagen und Erlebnissen der Vergangenheit und richtete sich voller Hoffnung und Lebensmut auf die Zukunft. Es war ihr bewußt, daß Gott uns für dieses Leben kein Paradies verheißen hat, daß aber auch nicht alles auf dieser Erde schlecht ist. So versuchte sie stets das Beste aus ihren Lebenssituationen zu machen. Sie ist ein überzeugendes Beispiel dafür, daß Glücklichsein entscheidend von einer selbstlosen, zufriedenen und optimistischen Grundeinstellung abhängig ist.

Ich bin nun mal so, wie ich bin

Obwohl Zwillinge sich körperlich gleichen können wie ein Ei dem anderen, sind sie doch charakterlich sehr unterschiedlich. Oft ist einer der beiden ein quicklebendiger und redseliger Mensch, während der andere viel lieber still und zurückgezogen lebt. Auch ihre Einstellung zum Leben weist meistens markante Unterschiede auf. An ihnen wird also deutlich, daß nicht allein die Erbanlagen darüber entscheiden, von welcher Grundeinstellung ein Mensch in seinem Denken, Fühlen und Verhalten bestimmt wird. Zahlreiche andere Faktoren spielen bei der Entwicklung der Lebenseinstellung eine Rolle: der Einfluß von Elternhaus und Schule, Freunde und Kameraden, Erlebnisse, die Beeinflussung durch Medien, Religion oder Beruf – dies alles prägt den Menschen in seinem Wesen.

In den ersten Lebensjahren konnten wir uns gegen die Flut der Beeinflussungen nicht wehren, so daß wir uns für die eigene Mentalität teilweise nicht verantwortlich fühlen mögen. Mit wachsendem Verstand war es uns jedoch möglich, bestimmte Einflüsse abzuwehren, während wir uns anderen bewußt aussetzten. Eltern, Geschwister, Lehrer, Freunde, Filme, Bücher, Musik oder Unternehmungen haben ihre Spuren in unserem Leben hinterlassen. An der Schwelle zur Erwachsenenwelt entscheiden die meisten sich für eine bestimmte politische oder religiöse Weltanschauung. Auch sie prägt ganz entscheidend unsere Einstellung zum Leben. Nun könnte man behaupten, daß wir uns in unserer Jugendzeit aus Unerfahrenheit so manchen Einflüssen ausgesetzt haben, die für die Entwicklung einer positiven Grundstimmung nicht förderlich sind. Darf man uns dann für unsere Lebenshaltung verantwortlich machen? „Ich bin nun mal so, wie ich bin. Ich kann nichts dafür, daß ich seelisch nicht so stabil und ausgeglichen bin wie andere!" So reden oft Menschen, die im Leben immer wieder anecken. Aber haben sie damit auch recht? Sind wir durch unsere eigene Lebenshaltung so hoffnungslos versklavt, daß eine Änderung nicht möglich ist?

Lassen Sie mich die Parallele zum christlichen Glauben ziehen. Eine der grundlegenden Botschaften des Neuen Testamentes lautet: „Ändere deinen Sinn! Ändere deine Einstellung! Denke um!" In den meisten Bibeln wird dies mit „Tut Buße!" übersetzt, aber dies ist heute ein mißverständlicher Begriff. Unter „büßen" oder „Buße" verstehen wir meistens „eine Rache oder Strafe auf sich nehmen" und „eine Sühneleistung bringen". Dies ist jedoch nicht die Bedeutung des Wortes, das in der Bibel steht. Gott will sich nicht an uns rächen, sondern uns vergeben, weil er uns trotz allem liebt. Er will keine Ersatzleistungen für unser Fehlverhalten, sondern unsere Sinnesänderung. Buße meint also: „Ändere deine Einstellung gegenüber Gott, gegenüber deinen Nächsten und gegenüber dir selbst!"

Diese Änderung der Einstellung ist in jedem Abschnitt unseres Lebens möglich. Sie wird auch Bekehrung genannt, das heißt Umkehr in der Gesinnung und im Verhalten. Die Geschichte des christlichen Glaubens weist zahlreiche Beispiele von Menschen auf, die sich in ihrem Leben so gründlich geändert haben, daß man dies nicht mehr psychologisch erklären kann. Wenn aus Geizhälsen freigebige und selbstlose Menschen werden, aus Großmäulern demütige und liebenswerte Persönlichkeiten, aus Mördern mitfühlende und friedliche Menschen oder aus haltlosen Trinkern kontrollierte und verantwortliche Leute, dann zeigt dies, daß der Einfluß Gottes jeden Menschen total umkrempeln kann. Die Voraussetzung für eine solche Änderung ist allerdings die Erkenntnis des Menschen, daß sein Leben bisher in die falsche Richtung gelaufen ist, und sein Wille zur Umkehr.

Ich möchte diese Gedanken auf die Änderung unserer Lebenseinstellung übertragen. Die Erkenntnis, daß unser Leben bisher nicht so positiv verlaufen ist, wie wir es uns in unserer Jugendzeit noch erhofften, die Einsicht, daß die eigene Lebenshaltung uns nicht glücklich gemacht hat, und der Wille zur Umkehr sind wichtige Voraussetzungen für ein Umdenken. Fehlen diese Schritte, werden wir trotz aller guten Ratschläge nicht weiterkommen. Wenn wir uns jedoch selbst realistisch einschätzen und eine Änderung wollen, dann wird sie auch möglich.

Jeder, der sich ein wenig in der Bibel auskennt, weiß, daß der Begriff „Bekehrung" nicht nur die Änderung der Einstellung des Menschen gegenüber Gott bedeutet. An diesem Punkt bleiben leider viele Christen stehen. Bekehrung umfaßt vielmehr auch die Änderung der Einstellung gegenüber dem Mitmenschen und sich selbst oder dem Leben mit allen seinen Bereichen. Die Bibel verkündet also die Wichtigkeit einer grundlegenden Einstellungsänderung. Dies zeigt wieder einmal, daß der christliche Glaube nicht blind auf ein Jenseits vertrösten will, sondern schon hier und heute das Leben mit Freude erfüllen möchte. Wer also mit der christlichen Botschaft wirklich Ernst macht, der begibt sich auf den Weg zum Glücklichsein.

Die größte Hürde für die Einstellungsänderung ist unser Egoismus. Er wehrt sich meistens heftig gegen die Erkenntnis, daß die eigenen Denk- und Gefühlsgewohnheiten oder die eigenen Verhaltensweisen falsch und schädlich sind. In jedem Menschen steckt ja ein kleiner Rechthaber, der seine Position auch dann noch verteidigt, wenn er mit dem Rücken zur Wand steht und sich selbst belügen muß. Solange wir also nicht wirklich überzeugt sind, daß bestimmte Lebensgewohnheiten falsch und zerstörerisch sind, kommen wir nicht weiter. Festeingefahrene Gepflogenheiten sind so schön bequem, auch wenn sie sich als destruktiv erweisen. Veränderungen erscheinen uns dagegen anstrengend und unbequem, weil sie konsequente Arbeit an uns selbst bedeuten. Viele Menschen fragen leider oft nicht danach, ob etwas wahr, richtig oder gut ist, sondern ob es bequem oder unbequem ist. Dies verhält sich bei religiösen und weltanschaulichen Fragen genauso wie bei Problemen mit der eigenen Gesundheit. Sicherlich gäbe es sonst nicht so viele unbiblische Ideen, politische Wirrköpfe oder Raucherbeine! Wir müssen also überzeugt sein, daß sich unser Leben ändern muß, auch wenn dies unbequem erscheint. Wir müssen bereit sein, unsere falschen Gewohnheiten im Denken, Fühlen und Verhalten zu ändern. Nach dem Erkennen der eigenen Situation und dem Willen zur Umkehr folgt also eine schrittweise Änderung negativer Gewohnheiten, wie zum Beispiel der Gewohnheit, egoistisch, perfektionistisch oder pessimistisch zu denken.

Sklave oder Herr?

Ist Ihnen dies auch schon einmal passiert? Sie wollten sich die Zähne putzen und haben gewohnheitsgemäß dorthin gegriffen, wo sonst immer die Zahnpasta liegt. Aber diesmal lag sie nicht da, sondern irgendeine Hautcreme. Unglücklicherweise wurde Ihnen dies jedoch erst dann bewußt, als sich ein merkwürdiger Geschmack in Ihrem Mund ausbreitete!

Wenn Sie von bösen Erinnerungen an eine derartige „Mundpflege" geplagt werden, dann trösten Sie sich. Viele Menschen können aus eigener Erfahrung ein Lied davon singen, wie sie Opfer ihrer Gewohnheiten wurden. Allerdings könnten wir ohne Gewohnheiten nicht auskommen, vielleicht sogar nicht einmal überleben. Sie erlauben uns nämlich, vieles zu tun, ohne daß wir bewußt und konzentriert mitdenken müssen. Wenn wir uns die Hände waschen, das Hemd zuknöpfen, Auto oder Fahrrad fahren, wenn wir essen, schreiben, gehen oder auch in Gefahren reagieren, können wir dies nur durch eine Reihe von Gewohnheiten, die wir uns im Laufe des Lebens erworben haben.

Eine Gewohnheit ist ein erlerntes Schema des Denkens, Handelns oder Fühlens. Wenn wir also in bestimmten Situationen immer wieder den gleichen Gedanken verfolgen, das gleiche Gefühl hegen oder die gleiche Handlung vollziehen, dann entwickelt sich eine Gewohnheit. Zuerst wird sie in das Kurzzeitgedächtnis aufgenommen. Wiederholen wir diese Gefühle, Gedanken und Verhaltensweisen weiter, dann gelangt die Gewohnheit in das Langzeitgedächtnis. Jedesmal, wenn dieses eingeübte Schema gebraucht wird, können wir nun automatisch reagieren. Das hat große Vorteile. Ich brauche mir zum Beispiel keinen Zettel an das Bett zu heften mit dem Merkvers: „Vor dem Schlafengehen − Zähneputzen nicht vergessen!" Beim Zähneputzen ist es dann auch nicht nötig, ständig darüber nachzudenken, wie man die Bürste am besten bewegt, damit die Zähne sauber werden.

Natürlich gibt es auch erhebliche Nachteile. Auf die gleiche Art und Weise können nämlich auch schlechte Gewohnheiten entstehen, von denen jeder eine ganze Reihe besitzt. Unglücklicherweise fällt es unserem Gehirn sehr schwer, diese schlechten Gewohnheiten zu vergessen oder zu verlernen. Wollen wir sie ändern oder abbauen, brauchen wir ein wenig Ausdauer.

Nach dem Erkennen der schädlichen Verhaltensmuster und der bewußten Entscheidung gegen sie ist das Einüben neuer und guter Gewohnheiten der erfolgreichste Weg. Dies fällt uns jedoch nicht so einfach in den Schoß, sondern benötigt Zeit und konsequente Arbeit an uns selbst. Wenn jemand bisher seine Zähne nicht nach dem Essen geputzt hat und er möchte sich jetzt diese Gewohnheit aneignen, muß er sich mehrere Tage und Wochen bewußt darauf konzentrieren. Geht er zu oberflächlich dabei vor, verzögert sich die Entwicklung der Gewohnheit, falls sie überhaupt entsteht. Auch wenn sich im Kurzzeitgedächtnis ein neues Verhaltensmuster gebildet hat, darf er nicht unaufmerksam werden. Falsche Sicherheit führt häufig zum Rückfall! Erst wenn sich die Gewohnheit im Langzeitgedächtnis festgesetzt hat, wird man, ohne überlegen zu müssen, nach dem Essen zur Zahnbürste greifen. Bis es dazu kommt, können manchmal sogar einige Monate vergehen.

Bei der Entwicklung neuer, positiver Denk- und Verhaltensmuster ist es ganz ähnlich. Auch hier müssen wir uns vor falscher Sicherheit hüten und so lange an uns arbeiten, bis wir unser Ziel erreicht haben.

Ich will mich
meines Lebens freuen!

Herr B. fühlte sich offensichtlich nicht wohl in seiner Haut. Er hatte schon seit langem beschlossen, Aschenbecher, Feuerzeug und Zigaretten in den Mülleimer zu werfen. Aber jedesmal, wenn er seinen Entschluß in die Tat umzusetzen versuchte, machte er einen Rückzieher. Deshalb hatte ich ihm die Frage gestellt, warum er denn mit dem Rauchen aufhören wolle und was ihn auf der anderen Seite so sehr an den Glimmstengel fessele. Nun rutschte er unbehaglich auf seinem Stuhl hin und her und überlegte angestrengt. Sogar ein Blinder würde sofort bemerkt haben, daß er keine Antwort wußte. Sein Dilemma war, daß er weder ein Motiv für sein Handeln angeben konnte noch einen Beweggrund für eine Verhaltensänderung. So schwankte er ständig zwischen Aufhören und Weitermachen hin und her.

Wenn unser Leben und unsere Einstellung sich ändern sollen, brauchen wir dafür eine starke Motivation. Ein „frommer Wunsch" oder ein schöner Traum reicht nicht aus. Unsere festeingefahrenen Gewohnheiten sind eben stärker als ein schwachbrüstiger Gedanke. Deshalb ist der erste Schritt zur Änderung unserer Einstellung ein fester Entschluß, den wir über unser Leben stellen müssen. Diesen Entschluß sollten wir uns so tief einprägen, daß er fest im Denken verankert ist und automatisch vor unserem geistigen

Auge steht, wenn wir in Krisensituationen geraten. Er sollte ein Teil unseres Wesens werden und damit lebensbestimmend sein, ohne daß er uns immer direkt bewußt ist.

Ein solcher Entschluß könnte lauten: „Ich will mich meines Lebens freuen!" oder: „Ich will mein Leben glücklich gestalten!" Vielleicht erscheinen Ihnen diese Sätze ein wenig banal oder zu selbstverständlich. Aber – Hand aufs Herz – wie oft verhalten wir uns so destruktiv, daß man meinen könnte, wir wollten mit aller Macht unglücklich werden?

Wenn wir unser Leben glücklich gestalten wollen, dann reicht eine schwache Sehnsucht nach dem Glücklichsein nicht aus. Wir müssen vielmehr unseren Entschluß ständig wiederholen, bis er unser Denken gewohnheitsmäßig bestimmt und zu einer starken Motivation wird. Jedesmal, wenn wir in brisante Situationen geraten, in denen wir bisher mit negativen Gefühlen reagiert haben, sollten wir unseren Entschluß wieder bewußt ins Gedächtnis rufen: „Ich will mich jeden Tag freuen und mir nicht mein Leben durch negative Gefühle vergiften lassen!" Schon allein dieser Gedanke kann uns helfen, daß negative Gefühle erst gar nicht entstehen oder daß sie abgeschwächt werden.

Ein älterer Pastor gab mir einmal eine Motivationskarte, auf der er seinen Entschluß niedergeschrieben hatte. Er lautet: „In meinem Herzen soll es fröhlich sein!" Dieser Spruch hat mir so gut gefallen, daß ich ihn direkt neben den Computerbildschirm geklebt habe. So steht er mir während meiner Arbeit am Schreibtisch immer vor Augen.

Im Alten Testament finden wir einen Ausspruch des Propheten Habakuk, der auch einen solchen positiven Entschluß darstellt: „Ich will mich freuen

des Herrn und fröhlich sein in Gott, meinem Heil!"
(Habakuk 3, 18.) Dieses Wort rief der Prophet in
einer Situation aus, die viele als bedrückend und
aussichtslos bezeichnen würden. Es ist also ein „Dennoch" des Glaubens, daß sich gegen widrige Lebensumstände durchsetzt, weil man sich von einem lieben-
den und allmächtigen Gott umsorgt weiß: „Ich will
mich freuen und fröhlich sein in Gott!"

Wenn Sie eine positive Grundentscheidung über
Ihr Leben setzen, dann vergessen Sie bitte nicht, daß
die Entwicklung einer neuen Gewohnheit viele Wochen benötigt. Es reicht nicht aus, wenn Sie sich nur
einige Tage um diesen Gedanken bemühen. Prägen
Sie ihn vielmehr so tief in Ihr Denken ein, daß er
Ihnen in belastenden Augenblicken sofort vor Augen
steht, daß Sie ganz selbstverständlich davon bestimmt
werden. Ohne eine starke Motivation wird es Ihnen
schwerfallen, die weiteren Schritte zur inneren Ausgeglichenheit zu gehen. Ich denke nicht, daß Sie die
Absicht haben, in Ihrem Leben unglücklich zu werden. Also, machen Sie sich dies immer wieder bewußt! Sagen Sie sich jeden Tag von neuem, daß
Ihr Leben von der Freude bestimmt sein soll und daß
Sie sich nicht durch negative Gefühle, durch Schicksalsschläge oder unangenehme Zeitgenossen Ihre
Lebenszeit vermiesen lassen wollen!

Wir haben inzwischen erkannt, daß unser ichsüchti-
ges Denken, das Streben nach Vollkommenheit aller
Lebenssituationen und die Neigung, alles schwarz zu
malen, drei wichtige Störenfriede der Lebensfreude
sind. Deshalb wollen wir nun diesen drei Unruhestif-
tern unsere Aufmerksamkeit zuwenden. Auch hier
gilt es, neue Gewohnheiten zu entwickeln, damit
unser Leben glücklicher wird.

Alles tanzt
nach meiner Pfeife!

Wer eine Bücherei aufsucht und als Laie im Fachbereich Psychologie stöbert, wird im ersten Augenblick durch die umfangreiche Literatur ein wenig verwirrt. Die vielen interessanten Buchtitel reizen den Wißbegierigen, mehr Lesestoff mit nach Hause zu nehmen, als er in den nächsten Wochen bewältigen kann. Er wird jedoch bald feststellen, daß – gemessen an der Wichtigkeit des Themas – bisher nur wenig über den Egoismus geschrieben worden ist. Es ist nicht unbedingt nötig, den Begriff „Egoismus" mit wissenschaftlicher und philosophischer Gründlichkeit zu untersuchen, um ihn völlig auszuloten. Wir wissen im Grunde alle ganz genau, was darunter zu verstehen ist. Fast täglich treffen wir auf Menschen, die immer und überall versuchen, ihren Willen ichsüchtig durchzusetzen. Ihr Neid und ihre Habsucht wirken abstoßend. Sie trampeln blindlings auf den Gefühlen ihrer Mitmenschen herum, und ihr Ehrgeiz, ihr Machtstreben und Großseinwollen sind eine ständige Belastung ihrer Umgebung. Solche Menschen stecken scheinbar immer noch in den Kinderschuhen. Sie meinen wie etwa Fünfjährige, sie seien die Größten.

Obwohl uns ein solches egoistisches oder egozentrisches Verhalten abstößt und nur wenige Menschen mit einem solchen Zeitgenossen gern zusammenleben, geraten wir selbst täglich in die Gefahr, ichsüchtig zu denken und zu handeln! Es geschieht sehr oft, daß wir bei anderen verurteilen, was sich in unserem eigenen Leben findet. Wir sind nur ein wenig blind dafür, daß unser eigener Egoismus unsere innere Harmonie stört und das gute Verhältnis zum Nächsten zerstört. Leider merken wir dies oft erst dann, wenn Menschen uns enttäuscht den Rücken kehren oder unsere eigene Gefühlswelt uns zu einer täglichen Belastung wird.

Es ist sicherlich einsichtig, daß es gerade in diesem Bereich schwerfällt, neue Gewohnheiten zu entwikkeln: selbstloser werden, nicht immer das letzte Wort haben müssen, eigene Interessen zugunsten anderer zurückstecken, dem Mitmenschen das Bessere zukommen lassen, nicht mehr alles an sich reißen oder den eigenen Willen nicht ständig gegen die Absichten anderer durchsetzen.

Eines der besten Mittel gegen den übersteigerten Egoismus ist für mich ein Gebot Jesu, das sich schon im Alten Testament findet: „Liebe deinen Nächsten wie dich selbst!" (3. Mose 19, 18; Matthäus 22, 39.) Wer seinen Mitmenschen wirklich liebt, der wird ihn nicht selbstsüchtig überrollen, sondern das Leben mit ihm gemeinsam partnerschaftlich gestalten. Er wird nicht immer nur nehmen, sondern mehr von dem Prinzip des Gebens bestimmt sein. Liebe zum Mitmenschen schenkt mehr Lebenssinn und -freude als die heute oft falsch verstandene Idee der Selbstverwirklichung. Egoistische Selbstverwirklichung macht nämlich auf Dauer nicht glücklich, sondern treibt in die Isolation. Wer dagegen anfängt, Liebe zu üben, der wird nicht nur Freunde finden, sondern auch inneren Frieden und Glück.

Gut, besser, am besten – noch besser!

Obwohl wir in einer Welt leben, in der wir täglich auf Unvollkommenheiten stoßen, bemüht sich der Mensch, alles perfekt zu machen. Das ist sicherlich begrüßenswert, weil es ohne dieses Streben nach Vollkommenheit nur wenig Fortschritt gäbe. Der Perfektionismus hat aber auch seine Schattenseiten. Lassen Sie mich dies an den Testberichten der Autozeitschriften ein wenig verdeutlichen: Obwohl die heute produzierten Autos reinste Wunderwerke der Technik sind und unsere Großeltern gar nicht aus dem Staunen herauskämen, wenn sie mit einem solchen Traumwagen über die Autobahn brausen könnten, sind die Testberichte oft nichts anderes als eine Sammlung negativer Äußerungen. Was vor zehn Jahren keinen Testfahrer störte, kann heute zum Prädikat „Nicht empfehlenswert" führen. Wer sich also ein Auto kauft und erst danach die entsprechenden Testberichte über sein Modell liest, wird von Seite zu Seite unzufriedener mit seinem Besitz.

Perfektionismus führt zur Unzufriedenheit, weil nichts wirklich perfekt ist auf unserer Erde und auch niemals sein wird. Unzufriedenheit ist jedoch einer der großen Störenfriede des Glücklichseins. Das Schlimme daran ist, daß wir unser Streben nach Vollkommenheit nicht auf den technisch-wissenschaftlichen Bereich beschränken, sondern auf unseren Mitmenschen ausdehnen. Auch er muß vollkommen sein und perfekt funktionieren, das heißt unseren Idealvorstellungen entsprechen! Ist dies aber nicht der Fall, hat er typisch menschliche Fehler und Schwächen oder entspricht er nicht unseren Idealen, dann werden wir unzufrieden mit ihm. Nicht genug damit, wir geben ihm unsere Enttäuschung recht deutlich zu verstehen durch unsere Gereiztheit, unsere Nörgelei oder Kälte.

Weil wir in einer Wegwerfgesellschaft leben, gerät so mancher in die Gefahr, seinen Mitmenschen genauso wegzuwerfen wie eine leere Cola-Dose: Sieht die Ehefrau nicht mehr so jung und attraktiv aus wie vor zwanzig Jahren, wird sie einfach gegen ein neueres Modell eingetauscht. Kann der Angestellte seine Arbeit nicht mehr so schnell und exakt verrichten wie früher, wird er durch einen besser funktionierenden menschlichen Roboter ersetzt. Da gibt es kein Gnadenbrot! Perfektionismus und Wegwerfmentalität degradieren den Menschen also zum Gegenstand, machen ihn auch oft zum Schrott der Gesellschaft!

Weil Unzufriedenheit durch zu hohe Erwartungen entsteht, können wir Zufriedenheit fördern, wenn wir uns angewöhnen, nicht alles zweihundertprozentig haben und machen zu wollen. Wir müssen einsehen, daß die gesamte Welt unter dem Gesetz des Zerfalls steht und daß Vollkommenheit nur eine Eigenschaft Gottes ist.

Natürlich dürfen wir auch nicht in das entgegengesetzte Extrem verfallen und uns eine „Ist-doch-alles-egal"-Haltung angewöhnen. Wir sollen schon das Beste anstreben, aber dabei niemals vergessen, daß Vollkommenheit auf dieser Erde nicht erreicht werden kann und daß zweitens das Perfekte uns nicht glücklicher macht als das weniger Gute. Die meisten glücklichen Menschen hatten keinen Traumpartner, keinen Traumberuf, keine Traumwohnung, kein Traumauto und was es sonst noch für Träume gibt! Zufriedenheit stellt sich auch dann ein, wenn man sich an dem weniger Vollkommenen freut und dafür dankbar ist.

Dies läßt sich nicht nur auf die Hifi-Technik anwenden, sondern auch auf das eigene Aussehen. Die wenigsten Menschen sind wirklich modellreif. Jeder hat körperliche Mängel, die bei den Stars natürlich geschickt retuschiert werden. Selbst wenn jemand wirklich ohne körperliche Defekte wäre, er bleibt im Laufe seines Lebens nicht davon verschont. Auch die Schönheitskönigin wird altern, und der jugendliche Sportler wird sich eines Tages mit Altersbeschwerden herumquälen!

Wollen wir zufrieden und ausgeglichen sein, müssen wir uns also in unserem Äußeren annehmen. Diese Selbstannahme fällt leichter, wenn wir uns nicht ständig mit den Schönheiten und Supersportlern dieser Welt vergleichen, sondern uns bewußt werden, daß die meisten Menschen in ihrem Aussehen und ihrem Können mittelmäßig sind.

Neben dem Verlangen, den Mitmenschen an Schönheit oder Stärke zu übertreffen, steckt in vielen auch der Drang, klüger als andere zu sein, den Nächsten in den Schatten eigener Fähigkeiten und Erfolge zu stellen. An dieser Stelle sehen wir die enge Verbindung zwischen Perfektionismus und Ichsucht. Wir treffen recht häufig auf Menschen, die in jedem Lebensbereich unbedingt die Ersten sein wollen. Sie haben sich in ihrem Streben nach Vollkommenheit unter den Druck gesetzt, immer und überall besser als andere zu sein. Damit stressen sie nicht nur sich selbst, sondern belasten auch die Menschen ihrer Umwelt ganz erheblich. Erster sein zu wollen ist wahrscheinlich der Auslöser für einen großen Teil des Leides auf dieser Welt.

Ganz gleich, wie gut oder klug wir auch sein mögen, es wird immer jemanden geben, der besser oder klüger ist als wir. Dies ist für manchen eine enttäuschende Erfahrung. Deshalb entsteht aus dem Konkurrenzdenken Angst vor dem Mitmenschen, aber auch Aggression oder Resignation. Für eine harmonische Lebenshaltung ist deshalb eine realistische Einschätzung der eigenen Person, ihrer Möglichkeiten und Schwächen unbedingt nötig. Wer ständig zu beweisen versucht, daß er mindestens ebenso gut ist wie andere, wird sich in diesem Konkurrenzkampf aufreiben, und wer sich selbst zu hoch einschätzt, wird eines Tages um so tiefer fallen. „Hochmut kommt vor dem Fall", schreibt deshalb Salomo in Sprüche 16, 18. Sehen wir uns dagegen selbst zu schlecht und unbedeutend, können wir auf der anderen Seite aber auch depressiv werden. Deshalb sollten wir uns über eines klar werden: Wir sind weder absolut unbedeutend noch das Maß aller Dinge bzw. der „Nabel der Welt". Wir haben es auch nicht nötig, uns ständig mit anderen zu vergleichen. Unser „Wert" hängt nicht davon ab, ob wir etwas besser können, Größeres leisten, schöner oder gesünder sind als irgendein anderer. Unser Wert beruht allein auf unserem Menschsein, darauf, daß Gott uns − jeden einzelnen von uns − liebt. Dieses Bewußtsein kann uns auf der Gratwanderung des Lebens helfen, die richtige Mitte zu finden.

Es ist alles so traurig

„Das ist doch kein Leben!" dachte die junge Frau verbittert und niedergeschlagen. „Ich kann dieses heiße Klima nicht länger ertragen, und die öde Landschaft geht mir schon seit dem ersten Tag auf die Nerven. Auch dieses Geschnatter der Eingeborenen kann ich nicht mehr ausstehen!" Sie hatte sich von vornherein gegen den Entschluß ihres Mannes gewehrt, ins Ausland zu ziehen. Nun saß sie schon seit Wochen in dieser Einöde, während ihr Mann dienstlich unterwegs war. Schließlich raffte sie sich auf und schrieb einen Jammerbrief an ihren Vater. Sie malte ihr Elend in den düstersten Farben und versuchte dadurch Mitleid zu erwecken. Nach kurzer Zeit schon kam mit der Luftpost eine Antwort. In dem Brief des Vaters standen jedoch keine bedauernden Trostworte, sondern nur der trockene Satz: „Zwei Menschen schauten durch dieselbe Brille – einer sah Schmutz, der andere die Sterne."

Tagelang dachte die junge Frau über die Antwort ihres Vaters nach. Sie erkannte, wie recht er hatte, und faßte deshalb den Entschluß, nicht länger auf den Schmutz zu achten, sondern wie ihr Mann nach den Sternen zu schauen. Sie freundete sich mit den Nachbarn an, nahm an ihren Sorgen und Freuden Anteil und lernte ihre Sprache. Schließlich lebte sie sich so gut ein, daß sie gar nicht mehr an eine Rückkehr in die Heimat dachte. Alles war anders geworden, weil ihre Haltung ihrer Umgebung gegenüber positiver geworden war.

Wenn wir glücklich werden wollen, dann müssen wir wie diese Frau lernen, dem Leben die schönen Seiten abzugewinnen und mehr auf das Gute zu sehen, statt uns zu ärgern und herumzujammern. Anscheinend haben die meisten Menschen von Geburt an die Neigung, alles schwärzer zu sehen, als es in Wirklichkeit ist, das Negative hochzuspielen und mehr über Schlechtes und Bedrückendes nachzudenken und zu reden als über Frohmachendes.

Beobachten Sie sich einmal beim Essen mit Familienangehörigen. Über welche Themen unterhalten Sie sich? Über Frohmachendes? Oder über das fiese Verhalten eines Verwandten, das unmögliche Kleid der Nachbarin, die unmenschlichen Forderungen Ihres Chefs, das Versagen der Politiker, die schlechten Schulnoten Ihrer Kinder, die Gemeinheiten von Arbeitskollegen oder die Boshaftigkeit des Hauswirts?

Sie können sich sicherlich vorstellen, daß negatives Reden während der Mahlzeit nicht nur die gute Laune verdirbt, die sich eigentlich durch die Anregung der Geschmacksnerven einstellen sollte; es stört auch den Verdauungsvorgang ganz erheblich. Das Essen liegt dann schwer im Magen. Man muß sauer aufstoßen. Magenschmerzen können sich einstellen, und auch Geschwüre werden begünstigt. In Sprüche 15, 15 sagt deshalb der lebenserfahrene Salomo: „Ein Betrübter hat nie einen guten Tag; aber ein guter Mut ist ein tägliches Fest."

Wollen wir in dieser Beziehung neue Gewohnheiten entwickeln, brauchen wir ein wenig Ausdauer und Wachsamkeit. Zunächst einmal müssen wir überprüfen, wie oft wir negativ denken und reden und in welchen Situationen wir besonders dazu neigen. Im Straßenverkehr gilt ja der Merkvers: „Gefahr erkannt – Gefahr gebannt!" Das läßt sich nicht ganz unbesehen auf den Hang zum Negativen übertragen, doch fällt es uns grundsätzlich leichter, positiv zu denken, wenn wir unsere Schwächen kennen. Testen Sie sich deshalb während der nächsten Tage, damit Sie wissen, wo und wann Sie blind in die Falle des Pessimismus laufen.

Der Apostel Paulus schrieb in seinem Brief an die christliche Gemeinde in Philippi (Philipper 4, 8, Die Gute Nachricht): „Richtet eure Gedanken auf das, was gut ist und Lob verdient, was wahr, edel, gerecht, rein, liebenswert und schön ist." Dieser Aufruf ist für mich einer der besten Lebensratschläge der Bibel. Wenn wir uns angewöhnt haben, unsere Gedankenwelt mit dem Schönen des Lebens anzufüllen, wenn wir gelernt haben, auch bei unangenehmen Zeitgenossen, die uns vielleicht weh getan haben, die guten Eigenschaften zu sehen, wenn wir uns mit dem beschäftigen, was Freude bringt, dann wird in uns auch eine frohe und heile Gefühlswelt entstehen.

Dies alles bedeutet nun nicht, daß wir ein wenig blauäugig und weltfremd durchs Leben gehen sollen. Wir müssen das Negative der Umwelt schon registrieren und versuchen, es zu verbessern oder damit zu leben, wenn uns die Hände gebunden sind. Aber wir dürfen uns nicht am Negativen festklammern oder wie hypnotisiert darauf starren. Es wird uns sonst erdrücken.

Zwei Beispiele sollen dies verdeutlichen. Vorweg sei gesagt, daß jeder Mensch in seinem Leben mit Leid, Unglück oder Krankheit konfrontiert wird. Niemand ist davon ausgeschlossen, auch Christen nicht. Deshalb sollten wir bei negativen Erlebnissen von vornherein die Frage ausschließen: „Warum mußte gerade mir dies passieren?" Diese oft gestellte Frage bringt uns nicht weiter und hilft uns nicht ein bißchen, das Negative besser zu verkraften. Man könnte genauso gut die Gegenfrage stellen: „Warum sollte dies mir nicht passieren? Warum soll es immer nur andere treffen?" In unserer unvollkommenen Welt sind Leben, Wohlergehen und Gesundheit eines jeden Menschen tagtäglich bedroht. Auch gläubige Christen bleiben nicht vom Leid verschont, weil Gott uns keine Garantiekarte für diese Welt gegeben hat, sondern die Hoffnung, daß er einmal alles neu machen wird.

Die Frage „Warum?" hilft uns auch deshalb nicht weiter, weil wir die Ursachen eines erlittenen Leides nicht bis ins letzte verstehen können. Wir haben einfach keinen Zutritt zu allen Hintergründen, die nicht nur in der Vergangenheit liegen, sondern auch außerhalb unserer Wahrnehmung. Christen fragen aus diesem Grund lieber: „Wozu ist mir dies passiert?" Genaugenommen bringt uns diese Frage auch nicht viel weiter. Ihre Antwort liegt nämlich in der Zukunft. Deshalb bleibt die Frage „Wozu?" oft ohne Antwort und überlebt den Fragesteller.

Aus diesen Gründen sollten wir die beiden Fragen nach Ursache und Wirkung nicht stellen, wenn wir von Schicksalsschlägen getroffen werden. Wir geraten dadurch nur in einen Kreis negativen Grübelns, durch den wir noch mehr zermürbt und depressiv verstimmt werden. Handelt es sich jedoch um menschliches oder technisches Versagen, das für die Zukunft abgestellt werden soll und kann, dann sind diese beiden Fragen natürlich notwendig, nicht aber bei der Bewältigung von Schicksalsschlägen.

Hier hilft uns der biblische Rat besser: „Richtet eure Gedanken auf das Positive und Schöne!" Verliere ich zum Beispiel ohne eigenes Verschulden meine Arbeitsstelle, kann ich dennoch froh sein. Zwar muß ich mich in meinen Ansprüchen erheblich einschränken, aber ich werde dank Arbeitslosen- und Sozialhilfe des Staates nicht verhungern. Gegenüber Millionen von Menschen in der dritten Welt kann ich mich sogar noch als wohlhabend, wenn nicht sogar als reich bezeichnen. Wenn ich die Augen aufmache, werde ich außerdem viele positive Möglichkeiten einer glücklichen Lebensgestaltung finden.

Bin ich in einen Autounfall verwickelt worden und mit einem blauen Auge davongekommen, kann ich Gott dankbar sein, daß ich gesund bin. Komme ich dabei zu Schaden oder bleibe ich gar körperbehindert, gibt es immer noch positive Aspekte in meinem Leben, auf die ich mich konzentrieren kann.

Glücklichsein hängt nicht davon ab, ob wir körperlich gesund oder finanziell gut gepolstert sind. Dies wurde mir deutlich, als ich einem Jugendlichen begegnete, der durch einen Halswirbelbruch vom Schulterbereich abwärts gelähmt war.

Dieser junge Mann strahlte echte, von Herzen kommende Fröhlichkeit aus, obwohl der Unfall sein ganzes Leben „verpfuscht" hatte, wie viele meinten. Er sah dies jedoch anders. Durch die Querschnittslähmung hatte er ganz neue Perspektiven erhalten. Sein Glaube an Christus, der auch ihm einmal ein Leben ohne Leid schenken wird, spielte dabei eine entscheidende Rolle. Er führte gern Gespräche mit niedergeschlagenen Menschen oder schrieb ermutigende Briefe an sie. Um diese Briefe abzufassen, betätigte er seine elektrische Schreibmaschine mit einem Bleistift, den er im Mund hielt.

Dieser Jugendliche hatte gelernt, nicht auf das Negative zu starren und alles andere aus dem Blick zu verlieren, sondern das Gute des Lebens zu suchen und sich darüber zu freuen. Vielleicht denken Sie einmal an ihn, wenn Sie in einer dunklen Stunde meinen, alles Unglück der Welt träfe immer nur Sie.

Wiederholung ist die Mutter der Weisheit

Bevor wir uns noch intensiver mit der Änderung unserer Einstellung beschäftigen, wollen wir eine kleine Verschnaufpause einlegen und das Gelernte wiederholen. Uns ist bewußt geworden, wie sehr eine falsche Lebenshaltung die tägliche Freude abwürgen kann. Deshalb haben wir den Entschluß gefaßt, uns nicht länger wie vermoderndes Strandgut von den Wellen des Lebens treiben zu lassen, sondern bewußt ein Ziel anzusteuern. Dieses Ziel lautet: Ich will mein Leben glücklich gestalten! Ich will mich meines Lebens freuen! In meinem Herzen soll es fröhlich sein!

Bei der Ansteuerung dieses Zieles werden wir jedoch sehr leicht durch Fahrlässigkeit oder durch schlechte Gewohnheiten torpediert, so daß wir resignierend aufgeben und glücklos weiterleben. Deshalb ist es wichtig, diese Bedrohung der Lebensfreude auszuschalten. Wir haben uns bis jetzt mit drei Störenfrieden des Glücklichseins beschäftigt und gesehen, wie sich die Gewohnheiten, egoistisch, perfektionistisch und pessimistisch zu denken, in unserem Leben auswirken. Deshalb haben wir uns entschlossen, Ichsucht, ständiges Streben nach absoluter Vollkommenheit aller Lebensumstände und Schwarzmalerei abzubauen. Weil Gewohnheiten jedoch in unserem Gehirn fest eingebrannte Muster sind, reichen ein paar gute Ratschläge nicht aus. Konsequente und aufmerksame Arbeit an uns selbst ist nötig, und auch nach einem längeren Zeitraum eines erfolgreichen Kampfes gegen diese Gewohnheiten ist Wachsamkeit empfehlenswert.

In den nächsten Tagen und Wochen sollten wir gleich morgens den Entschluß fassen: „Ich will mich heute nicht ichsüchtig verhalten. Ich will heute nicht perfektionistisch sein und auch nicht negativ denken und reden." Haben wir uns dann doch bei einem Fehler ertappt, sollten wir nicht mutlos werden. Wir können den Teufel nicht mit dem Beelzebub austreiben. Wer mit Perfektionismus oder mit pessimistischen Gedanken versucht, gerade diese beiden Übel zu bekämpfen, dreht sich nur erfolglos im Kreis.

Eine sehr wirksame Hilfe im Kampf gegen schlechte Gewohnheiten ist sicherlich das Gebet. Wer ausdauernd darum betet, Gott möge ihn von Selbstsucht, Vollkommenheitssucht und Negativdenken befreien, der wird eine Lebensänderung erfahren; denn „bei Gott ist kein Ding unmöglich". Das ist eine Verheißung, auf die man sich verlassen kann.

In den nun folgenden Abschnitten wollen wir uns anschauen, welchen Einfluß unser Denken auf unsere Gefühle hat. Dabei werden wir sehen, daß wir den Gefühlen nicht hilflos ausgeliefert sind, sondern sie steuern und beeinflussen können.

Ich sehe was, das du nicht siehst

Vielleicht haben Sie, lieber Leser, inzwischen die Überzeugung gewonnen, Sie seien so ausgeglichen und seelisch stabil, daß Sie nur schwer die Fassung verlieren. Wenn dies der Fall ist, dann sollten Sie sich nun einem kleinen Test unterziehen, der Ihnen das Ausmaß Ihrer Selbstsicherheit zeigt: Stellen Sie sich einmal vor, Sie gehen barfuß in ein besser aussehendes Mietshaus und klingeln stürmisch an verschiedenen Wohnungstüren. Wenn sich eine Tür öffnet, fragen Sie bitte, ob Sie sich in der Wohnung vielleicht die Füße waschen dürften, und halten dabei Seife und Handtuch hoch.

Ergreifen Sie unangenehme Gefühle, wie Angst vor dem Spott Ihrer Mitmenschen, wenn Sie daran denken, diesen Test praktisch durchführen zu müssen? Merken Sie nun, daß bestimmte Situationen Ihnen doch gefühlsmäßig zu schaffen machen? Viele Menschen meinen deshalb, die Ursachen ihrer negativen Gefühle lägen in ihrer Umwelt oder Vergangenheit. Man brauche deshalb nur die Umwelt zu verändern oder die Probleme der Vergangenheit aufzuarbeiten, und schon wäre man von den niederdrückenden Belastungen frei. Diese Behauptung stellt jedoch nur eine Seite der Medaille dar.

Wenn eine Hausfrau unter einer Erschöpfungsdepression zusammenbricht, dann hat dies viel mit ihrer

Lebenssituation zu tun. Auf der anderen Seite haben es unsere Großmütter ohne Waschmaschine und Geschirrspüler viel schwerer gehabt, ihre sechs bis acht Kinder großzuziehen. Trotzdem kannten die meisten von ihnen keine durch Überarbeitung verursachte Depression.

Wir dürfen die Ursachen von Gefühlsstörungen deshalb nicht ausschließlich in unserer Umwelt suchen. Man könnte sonst nur wenigen Menschen in ihren seelischen Problemen helfen. Wer kann schon seinen Lebensraum so umgestalten, daß er mit ihm keine Schwierigkeiten mehr hat? Wir machen es uns auch zu leicht, wenn wir die Verantwortung für Gefühlsstörungen allein auf Elternhaus oder Schule schieben. Schließlich sind wir im Normalfall nicht ein Leben lang die Marionetten unserer Eltern und Lehrer. Wir sind vielmehr selbst verantwortlich für unser Denken, Fühlen, Wollen und Handeln.

Oftmals liegen die Ursachen unserer Probleme in uns selbst, in unseren Einstellungen und Gedanken. Dies soll ein weiterer Test verdeutlichen. Stellen Sie sich vor, Sie gehen abends allein spazieren. Plötzlich springt ein kalbsgroßer, struppiger Hund auf Sie zu. Welche Gedanken schießen Ihnen jetzt durch den Kopf?

Angenommen, folgende Gedankenfetzen wirbeln Ihr Denken durcheinander: „Hilfe! Ein wilder Köter! Er will mir die Kehle durchbeißen! Was soll ich nur machen?" Welche Gefühle werden Sie dabei beherrschen? Keine Frage! Natürlich lähmende Angst oder sogar Panik! Stellen wir uns nun dagegen vor, Sie sagen sich im ersten Impuls: „Na, du Ausreißer, wo kommst du zu so später Stunde her?" Werden Ihre Glieder dann auch von Panik gelähmt sein? Natürlich nicht!

Wer ist also schuld an Ihrer Gefühlsreaktion: Der Hund selbst oder Ihre Einstellung gegenüber dem Hund, Ihr Denken über die Situation? Wenn Sie der Meinung sind, große Hunde mit struppigem Fell seien bösartige Raubtiere, dann werden Sie nicht besonders begeistert sein, am späten Abend einem solchen Tier zu begegnen. Als hoffnungsloser Hundenarr denken Sie sicherlich ganz anders und werden deshalb keine Panik entwickeln, wenn eine feuchte Schnauze Sie beschnuppert.

Natürlich müssen wir eine Situation erst wahrnehmen, bevor sich Gefühle in uns entwickeln. Ein blinder und tauber Mensch hätte den streunenden Hund weder sehen noch hören und deshalb auch keine Angst haben können. Durch seine eingeschränkte Wahrnehmung ist es ihm nicht möglich, die volle Wirklichkeit so zu erkennen, wie sie tatsächlich ist. Das gilt für alle Menschen. Die Wirklichkeit stimmt häufig nicht mit unserer Wahrnehmung überein.

Vor einiger Zeit begegnete uns als Familie ein guter Bekannter in einem Kaufhaus. Wir entschlossen uns, sein Wahrnehmungsvermögen zu testen, und sprachen ihn deshalb nicht an. Er marschierte geradewegs auf mich zu, starrte mir ins Gesicht, bog dann kurz vor mir nach links ab und lief an meiner Frau und meinen Kindern vorbei, ohne uns zu bemerken. So etwas geschieht recht häufig. Wir nehmen also vieles überhaupt nicht wahr. Denken Sie nur an den weiten Bereich elektromagnetischer Wellen. Oder horchen Sie einmal mit geschlossenen Augen ganz bewußt auf die Geräusche Ihrer Umgebung. Sie werden plötzlich vieles hören, das Ihnen vorher entgangen ist.

Oft nehmen wir die Wirklichkeit nur verzerrt wahr oder sehen alles durch einen Filter persönlicher

Ansichten. Manchmal bemerken wir etwas, das in Wirklichkeit gar nicht existiert. Lassen Sie mich diese Gedanken an der Gottesfrage verdeutlichen.

Manche Menschen nehmen Gott überhaupt nicht wahr, andere nur Bruchstücke seines Wesens, und wiederum andere bemerken Eigenschaften Gottes, die er überhaupt nicht besitzt. An diesem Beispiel lernen wir verstehen, daß kein Mensch die volle Wirklichkeit so wahrnimmt, wie sie tatsächlich ist. Wir können sie nur beschreiben. Dabei dürfen wir nicht vergessen, daß diese Beschreibungen bruchstückhaft oder sogar verzerrt sind. Deshalb ist es auch unsinnig, wenn jemand behauptet, Gott gäbe es nicht, weil ihn augenblicklich niemand sehen oder mit wissenschaftlichen Methoden beweisen kann. „Weltanschauungen" bleiben demnach stets unvollkommen, wenn sie sich allein auf menschliche Wahrnehmungsfähigkeiten verlassen.

Die Schwierigkeiten zwischen Eltern und Kindern haben oft ihre Ursache in einer falschen Wahrnehmung der Wirklichkeit. Kritisiert ein Vater seinen halberwachsenen Sohn, damit jener besser aufpaßt und nicht überall aneckt, dann sieht der Sohn meistens nur die Kritik und nicht die gute Absicht oder Zuneigung des Vaters. Deshalb wächst im Sohn die Überzeugung, sein Vater sei böse und gemein. Haß und Wutgefühle sind meistens die Folge.

Wir können zahlreichen Konflikten aus dem Weg gehen und uns eine Menge negativer Gefühle ersparen, wenn wir unsere Wahrnehmungen immer wieder in Frage stellen und kritisch betrachten! Dies sollten wir uns zum Grundsatz machen.

Geht also in Zukunft ein Bekannter, ohne zu grüßen, an uns vorüber, sollten wir nicht vorschnell urteilen und uns danach ärgern. Besser ist es, wir fragen uns: Habe ich bemerkt, weshalb er mich nicht gegrüßt hat? Hat er mich überhaupt gesehen, oder war er tief in Gedanken versunken? War sein Gesicht wirklich grimmig, ernst und böse, oder war es nur völlig entspannt und ausdruckslos? Wenn es grimmig aussah, galt dieser Ausdruck mir oder vielleicht seinem Chef, mit dem er gerade einen Gedankenkrieg führte?

Sie sehen, wie wichtig es ist, eine Situation so objektiv wie nur möglich zu erfassen, ehe wir Urteile fällen. Gehen wir nicht so vor, werden wir oft Fehlschlüsse ziehen und uns dadurch unnötige Probleme bereiten. Noch deutlicher gesagt: Haben wir eine Situation nicht richtig erfaßt, stehen wir in der Gefahr, uns mit der Unwirklichkeit oder mit Illusionen zu belasten! Das kritische Hinterfragen des Erlebten fällt uns nicht einfach in den Schoß. Wir müssen es regelrecht einüben und uns angewöhnen, bis es fast automatisch abläuft. Wir werden dadurch viele Schwierigkeiten vermeiden, über die wir bisher gestolpert sind.

Es ist eine menschliche Schwäche, nicht nur vorschnell zu urteilen, sondern auch eigensinnig an Standpunkten festzuhalten. Wer schon mit einem „Rechthaber" diskutiert hat, kann ein Lied davon singen. Wie oft werden in hitzigen Debatten unsinnige Argumente benutzt, um nicht zugeben zu müssen, daß man unrecht hat. Wer jedoch die Wahrheit nicht auf seiner Seite hat, egal wie wortreich er sich auch verteidigt, der lebt in einer Scheinwelt und macht sich letztlich vor seinen Mitmenschen lächerlich.

Bezieht sich diese Rechthaberei auf eine christliche Glaubenslehre, dann erscheint dies nicht so tragisch. Erklärt also jemand: „Ich sehe nicht ein, daß die Lehre von der Unsterblichkeit der Seele nicht biblisch ist, sondern erst im 3. Jahrhundert n. Chr. aus der griechischen Philosophie in das Christentum eindrang. Ich glaube weiter daran." – dann ist das eine Angelegenheit zwischen Gott und ihm. Es belastet mich nicht gefühlsmäßig, wenn er geschichtliche Tatsachen nicht wahrhaben will. Behauptet er jedoch starrsinnig, ich sei ihm feindlich gesinnt, obwohl dies keineswegs der Fall ist, dann belastet mich seine falsche Wahrnehmung. Ich bekomme seinen Ärger zu spüren, ohne Schuld zu haben. Wir sollten also immer offen sein für eine andere Sicht der Dinge oder für eine Revision unserer Wahrnehmung, wenn wir auf der Suche nach Wahrheit sind und uns unnötige Probleme ersparen wollen.

Ich weiß nicht –
aber ich nehme an

„Klugheit und Verstand sind ein sicheres Fundament, auf dem du dein Haus errichten kannst, und Wissen füllt seine Räume mit wertvollen und schönen Dingen." (Sprüche 24, 3, Die Gute Nachricht.)

Vielleicht sind Sie erstaunt, ein solches Wort in der Bibel zu finden. Die Bibel ist eben kein verstaubtes Buch, das eine weltfremde Lebenshaltung vermittelt. Sie ist heute noch so aktuell wie vor zweitausend Jahren. Wir werden aufgefordert, unser Leben auf Klugheit und Verstand aufzubauen. Damit ist nicht ein hoher Intelligenzquotient gemeint. Intelligenz schützt den Menschen nicht vor törichtem Verhalten. Die Bibel versteht darunter Lebensklugheit oder Lebensweisheit, und die sind nicht davon abhängig, ob man ein exzellentes Abitur besitzt oder Akademiker ist. Klugheit, Weisheit und Verstand werden in der Heiligen Schrift als Gaben Gottes betrachtet, die entwickelt und ausgebaut werden sollen, um glücklich und harmonisch leben zu können. Wer sein Leben nicht auf dieses Fundament gründet, wird bald scheitern. Deswegen sagt Salomo ein wenig drastisch: „Wer es ablehnt, vernünftig zu leben, wird bald den Toten Gesellschaft leisten." (Sprüche 21, 16, Die Gute Nachricht.) Das ist klar und unverblümt gesagt. Die Bibel nimmt kein Blatt vor den Mund, sondern macht deutlich, worauf es im Leben ankommt.

Vor einiger Zeit warnte ich einen guten Bekannten vor dem Rauchen. Er lächelte jedoch und meinte ein wenig jovial: „Mein Arzt hat mir auch schon geraten, die Zigaretten in den Mülleimer zu werfen. Ich könnte sonst durch einen Herzinfarkt ins Jenseits befördert werden. Aber ich nehme das nicht so tragisch." Ein dreiviertel Jahr später starb er an einem Herzinfarkt! Seine Firma, die einen wohlbekannten Namen hat, wurde aufgelöst. Seine junge Familie stand plötzlich vor einem großen Schuldenberg, weil er nicht vorgesorgt hatte. Für sie war sein Tod tragisch! Er war ein intelligenter junger Mann, aber er war nicht lebensklug.

Seit dem Beginn der modernen Naturwissenschaft gründet der Mensch sein Weltbild nicht länger auf mythische Vorstellungen und Spekulationen, sondern auf Ergebnisse vernünftiger Untersuchungen. Beobachtet man irgendeinen Vorgang in der Natur, wird nicht sofort behauptet: Dieser Vorgang läuft immer so ab! Der Wissenschaftler wird vielmehr zunächst eine Annahme formulieren. Diese Annahme wird nun durch zahlreiche Experimente untersucht und hinterfragt. Führen diese immer wieder zum gleichen Ergebnis, wird man einen Lehrsatz oder eine Theorie aufstellen und sagen: Dieser Vorgang läuft so ab! Ergeben sich jedoch Abweichungen bei der Untersuchung der Annahme, wird man vorsichtiger formulieren: Dieser Vorgang läuft häufig so ab, aber nicht immer.

Die Naturwissenschaft bemüht sich also darum, zu einer objektiven und vernünftigen Erkenntnis von Tatsachen zu gelangen. Diese Art des Denkens und Arbeitens hat zu den gewaltigen technischen und wissenschaftlichen Fortschritten der modernen Welt geführt. Betrachten wir dagegen die alltäglichen

Denk- und Verhaltensweisen des Menschen im gesellschaftlichen oder mitmenschlichen Bereich, müssen wir feststellen, daß hier die Gesetze der Vernunft nur wenig Bedeutung und Einfluß haben. Was man sich bei der Arbeit nicht leisten und erlauben kann, wird im Umgang mit dem Nächsten recht häufig praktiziert. Zwar haben wir Menschen staunenswerte Fortschritte in Wissenschaft und Technik vorzuweisen, aber im Alltag verhalten wir uns nicht anders als unsere Vorfahren vor fünftausend Jahren.

Kommen wir noch einmal auf das Beispiel vom Vater und seinem gekränkten Sohn zurück. Vielleicht ist Ihnen aufgefallen, daß der Sohn nach seiner falschen Wahrnehmung der Situation einen Schritt weitergegangen ist. Statt seine Beobachtung kritisch zu hinterfragen, hat er einfach eine Behauptung aufgestellt: „Der Vater ist böse und gemein!" Hinter dieser Behauptung steckt die unbewiesene Annahme: „Er will mir eins auswischen! Er will mich fertigmachen!"

Der zweite Schritt zu negativen Gefühlen ist also häufig eine falsche Annahme. „Der Vater hat etwas gegen mich." – „Der Hund will mich beißen." – Mein Nachbar mag mich nicht." – „Die Polizei will nur mein Geld." Wir können diese Reihe beliebig fortsetzen. In vielen Bereichen unseres Lebens gründen wir unsere Meinungen auf Annahmen statt auf bewiesene Tatsachen. Das läßt sich auch gar nicht immer umgehen. Nicht alles läßt sich beweisen. Wir müssen vieles glauben. Dies bezieht sich nicht nur auf religiöse Dinge.

Oft fragen Menschen nach Beweisen für die Liebe ihres Partners. Aber kann man Liebe beweisen? Können nicht alle geforderten Liebesbeweise genausogut ein gekonntes Theater sein – vielleicht sogar ein lebenslanges Theater? Liebe läßt sich genausowenig wie Gott mit naturwissenschaftlichen Mitteln beweisen. Sie lebt wie der Glaube vom Vertrauen.

Wenn wir auch vieles annehmen müssen, ohne es jederzeit hieb- und stichfest begründen zu können, so müssen wir doch lernen, unseren eigenen Annahmen kritischer gegenüberzustehen. Der junge Mann aus unserem Beispiel hätte sich durch ein solches Vorgehen seine negativen Gefühle ersparen können. Er betrachtete jedoch seine Vermutungen als absolut richtig, ohne sie zu hinterfragen. Würde er so in einem chemischen Labor arbeiten, könnte er dort bald seine Sachen packen! Wir erlauben uns jedoch im Umgang mit dem Mitmenschen vieles, was wir in unserer Arbeitswelt peinlichst vermeiden. Wie bei einer falschen Wahrnehmung belasten wir uns mit der Unwirklichkeit, wenn wir verkehrte Behauptungen aufstellen, und das ist unvernünftig.

Ein Jugendlicher sagte völlig deprimiert zu mir: „Gott kann mir nicht mehr vergeben." Solche Behauptungen werden oft von religiös geprägten Menschen aufgestellt, die in ihrem Leben versagt haben. Es gibt jedoch keinen Beweis dafür, daß ihre Annahme stimmt und Gott ihnen nicht mehr gnädig ist und ihnen ihre Schuld nicht vergibt. Im Gegenteil, in der Bibel wird oft davon gesprochen, daß Gott sogar die schlimmsten Gemeinheiten verzeiht, wenn der Betreffende sein Verhalten bereut und sich ändern will.

Eine alte Dame behauptete einmal: „Ich falle meiner Familie nur noch zur Last." Dies war keineswegs der Fall. Ihre Angehörigen empfanden ihre Pflege überhaupt nicht als unzumutbare Last. Ihre Vermutung war falsch. Ein Student meinte, er werde mit Sicherheit durch die Prüfung fallen. Durch sein Studium hätte er eigentlich wissen müssen, daß man sich nicht auf reine Annahmen verlassen darf und höchstens von einer gewissen Wahrscheinlichkeit sprechen kann, bei der Prüfung zu versagen. Alle diese Menschen haben sich durch ihre Vermutungen negativen Gefühlen ausgesetzt und ohne Grund seelisch belastet. Dadurch wurde ihre Lebensfreude gelähmt und ihnen genau die Kraft geraubt, die sie für die Bewältigung ihrer Schwierigkeiten benötigten. Sie haben durch ihr unkritisches Denken Gefühle entwickelt, die überflüssig waren.

Wir sollten uns deshalb einen weiteren Grundsatz einprägen und in den nächsten Tagen auch bewußt trainieren, bis er eine Gewohnheit geworden ist: Ich muß meine Annahmen, Vermutungen und Behauptungen kritisch überprüfen. Ich muß sie immer wieder auf ihre Richtigkeit hin untersuchen und mich fragen, ob sie den Tatsachen und der Wirklichkeit entsprechen. Wenn wir nicht so vorgehen, laufen wir Gefahr, das Fundament der Lebensweisheit zu verlassen und auf Sand zu bauen.

Alles ist immer so absolut

Bei der Aufstellung von Annahmen und Behauptungen begehen wir leicht einen weiteren Fehler. Wir verallgemeinern sehr gerne. Traue ich mich zum Beispiel nicht, mich während eines Loopings auf die Tragflächen eines Sportflugzeugs zu stellen, dann bedeutet dies nicht, daß ich ein ängstlicher Mensch bin. Genausowenig bin ich ein Angsthase, wenn ich mit meinem Auto bei schneeglatter Straße nur 60 Kilometer pro Stunde fahre oder ab Windstärke acht mein Segelboot an Land ziehe. Die Unfallstatistik zeigt, daß solche Vorsicht nur vernünftig ist. Habe ich also in gefährlichen Situationen Angst, darf ich nicht verallgemeinernd sagen: Ich bin ein ängstlicher Mensch. Der Ausdruck „ängstlicher Mensch" meint nämlich, durch und durch ängstlich sein. Dies entspricht jedoch nicht der Wirklichkeit, weil ich mich vor vielem nicht fürchte.

Verallgemeinerungen sind meistens falsch. Spätestens seit Aristoteles, dem Erzieher Alexanders des Großen, wissen wir, daß absolute Aussagen oft nicht stimmen. Habe ich also einen oder auch 15 Fehler gemacht, bin ich deswegen noch lange kein Versager. Redet ein Jugendlicher einmal in abfälligem Ton über seine „Alten", bedeutet dies nicht, daß er seine Eltern verachtet. Bleibt mein Auto mit einer Panne liegen, ist es damit nicht gleich eine „blöde Karre". Regnet es im Sommer, muß nicht der ganze Urlaub vermiest sein. Spricht ein Ehemann mit seiner Gattin drei Tage kein Wort, bedeutet dies nicht, daß er sie überhaupt nicht mehr liebt. Läuft mir eine Gruppe wilder, ungepflegter Jugendlicher über den Weg, darf ich nicht behaupten, die Jugend sei heute abartig und chaotisch.

Verallgemeinerungen sind also meistens falsch. Verbinden wir unsere Annahmen und Vermutungen mit solchen Verallgemeinerungen, dann denken wir nicht mehr vernünftig. Ein Mann beklagte sich bei mir über seine Gattin. Ständig würde sie ihn terrorisieren. Sie sei schon immer kalt, lieblos und egoistisch gewesen und würde sich auch in Zukunft nicht mehr ändern. Ich fragte ihn, wieso er sie dann überhaupt geheiratet habe. Wenn sie schon immer ein solcher „Hausdrache" gewesen wäre, dann hätte sie es ja auch schon vor der Hochzeit sein müssen. Ob er während ihrer langen Verlobungszeit denn so blind für ihren „schlechten" Charakter gewesen sei. Außerdem mußte ich seine große Tragkraft während der vielen Ehejahre bewundern, denn seine Frau war ja „immer" lieblos und egoistisch gewesen, also jede Minute ihres Zusammenlebens.

Mit einem Male erkannte dieser Mann, daß er maßlos übertrieben hatte und seine absoluten Behauptungen nicht stimmten, denn er konnte sich plötzlich an viele schöne gemeinsame Erlebnisse erinnern, und genaugenommen waren die positiven Erinnerungen in der Überzahl. So wurde er auch bereit, seine verallgemeinernden und pessimistischen Zukunftsaussichten zu revidieren und von neuem um seine Frau zu werben. Er hatte gelernt, daß man niemals einen Menschen aufgeben darf, schon gar nicht in einer Liebesbeziehung. Wir müssen offen bleiben für unseren Mitmenschen, für seine positive Veränderung und eine glückliche Zukunft. Das ist eine der Grundeinsichten des christlichen Glaubens.

Wenn wir glücklich werden wollen, dann müssen wir lernen, absolute oder verallgemeinernde Annahmen und Behauptungen aus unserem Denken zu verbannen. Wenn wir nämlich in Begriffen denken wie „alles, immer, ständig, niemals", dann wird unsere Lage hoffnungslos. Wir selbst haben sie durch unser Denken hoffnungslos gemacht. Damit blockieren wir die Lösung der Probleme und sperren uns selbst in ein Gefängnis negativer Gedanken ein. Fragen wir uns also in der nächsten Zeit recht häufig, ob unsere Gedanken den Tatsachen entsprechen, damit wir uns nicht unnötig belasten. Wenn ein Ingenieur bei seiner Arbeit nicht so fragt und vorgeht, wird er bald ein gescheiterter und arbeitsloser Ingenieur sein. Gehen wir in unseren mitmenschlichen Beziehungen nicht so vor, werden wir darin genauso scheitern.

Wer sich eine Grube gräbt, fällt auch hinein

Ein weiterer Baustein im Fundament der Lebensweisheit ist die Erkenntnis, daß wir uns nicht in innere Widersprüche verwickeln dürfen. Unser Denken kreist oft um unser Wohlergehen. Damit ist nicht nur der gesundheitliche Bereich gemeint. Auch bei der Frage, welches Auto mir am besten gefällt oder ob ich mir nicht eine Tafel Schokolade am Kiosk kaufen sollte, geht es um mein Wohlbefinden. Dieses Denken über das, was uns Freude macht, hat mit dem Ziel zu tun, glücklich zu werden. Obwohl wir uns dieses Ziel gesetzt haben, denken und handeln wir manchmal genau entgegengesetzt. Damit verwickeln wir uns jedoch in innere Widersprüche.

Wenn wir glücklich werden wollen, dann ist es unlogisch, Dinge zu tun, die diesem Ziel zuwiderlaufen; dann ist es unsinnig, wenn wir uns in selbstzerstörerischer Art und Weise verhalten oder auch nur so denken! Deshalb sollten wir uns eine weitere Frage stellen, wenn wir in kritischen Situationen stehen oder unser Leben planen: Hilft mir mein Denken und Verhalten, meine Ziele zu erreichen, oder grabe ich mir selbst eine Grube? Unterlaufe ich meine eigenen Absichten und stelle mir selbst ein Bein?

Überlegen wir einmal: Hilft einem Abiturienten der Gedanke „Ich falle bestimmt durch die Prüfung", diese besser zu bestehen? Offensichtlich nicht, weil sein Pessimismus ihm die Energie raubt und sein Denken blockiert. So wird er sein Wissen vor dem Prüfungsausschuß nicht überzeugend darstellen können. Er möchte zwar das Abitur bestehen, aber seine negative Zukunftsprognose wird seine eigene Fallgrube. Hilft mir der Gedanke „Ich bin ein Versager", es das nächste Mal besser zu machen? Ganz bestimmt nicht. Warum sollten wir uns dann mit solchen Gedanken belasten, die unsere Ziele boykottieren, unsere Gefühlswelt verdunkeln und unsere Lebensfreude rauben?

In der Logikregel „Gegensätze dürfen nicht zusammengedacht werden" finden wir schon seit über zweitausend Jahren den Hinweis, daß solches Denken falsch und unvernünftig ist. Ich darf also nicht zur gleichen Zeit denken: „Ich möchte einmal etwas Großartiges machen" und „Ich bin eine absolute Niete". – „Ich möchte mit meinem Nachbarn in Frieden leben" und „Er ist ein Ekel". – „Ich möchte eine harmonische Ehe führen" und „Mein Partner ist gemein, egoistisch und herzlos".

Denken wir in dieser Art, werden unsere positiven Wünsche wahrscheinlich nur schöne Träume bleiben. Wie wir schon gelernt haben, führen uns negative Gedanken in eine dunkle Stimmung. Die pessimistischen Gefühle und Gedanken werden uns schließlich bewegen, uns so zu verhalten, wie wir es uns selbst vorausgesagt haben. Wir wollen zwar etwas Positives erreichen, prophezeien jedoch das Gegenteil und sorgen unbewußt dafür, daß sich unsere Prophezeiung auch erfüllt. Hinterher stehen wir deprimiert vor dem selbstproduzierten Scherbenhaufen und jammern: „Hab ich's nicht gleich gesagt?!"

Wenn wir also seelisch ausgeglichen sein wollen, weshalb beschäftigen wir uns dann in Gedanken mit

Dingen, die unsere Ausgeglichenheit empfindlich stören? Wenn wir glücklich und zufrieden sein wollen, weshalb denken wir an das, was uns unglücklich und unzufrieden macht? Wenn wir angst- und sorgenfrei leben möchten, warum belasten wir uns mit dem, was uns in Angst und Sorgen stürzt? Wenn wir in Frieden und Harmonie mit unserem Nächsten leben wollen, weshalb vergiften wir unsere Gedankenwelt durch das, was uns am anderen ärgert? Warum denken wir so unlogisch und selbstzerstörerisch?

Haben wir uns das Ziel gesetzt, glücklich zu leben, dann müssen wir auch positiv denken. Wir sollten, wie Paulus sagt, an das Gute denken, an Lobenswertes, an gute Eigenschaften, an das, was uns erfreut. Dies sollten wir uns fest einprägen. Stellen wir uns einmal vor, wie ein anderer fühlen wird, wenn er genauso denkt wie wir. Was meinen Sie, welche Stimmung wird jemand haben, der sich ständig sagt: „Du bist ein hoffnungsloser Versager!"? Welche Gefühle ergreifen jemanden, der sich intensiv mit den negativen Eigenschaften seines Partners beschäftigt, mit Eigenschaften, die ihm „auf den Geist gehen"? Etwa Liebe?

Beziehen wir diese Fragen auf unser Reden und Verhalten: Wie wird sich jemand fühlen, dem wir ständig vorhalten, was er alles verkehrt gemacht hat und welche Fehler er besitzt? Wie wird sein Verhältnis uns gegenüber sein? Versetzen wir uns doch einmal in den anderen hinein und fühlen wir mit ihm. Sind wir nicht beleidigt, wenn andere uns so behandeln, wie wir sie? Ist nicht unser eigenes Verhalten oft eine Zumutung für unseren Nächsten?

Jesus hat einmal gesagt: „Behandelt die Menschen so, wie ihr selbst von ihnen behandelt werden wollt." (Matthäus 7, 12.) Daraus hat der deutsche Volksmund das Sprichwort abgeleitet: „Was du nicht willst, das man dir tu, das füg auch keinem andern zu." Dieses Sprichwort redet nur vom Unterlassen, während Christus es positiv ausgedrückt hat. Sein Rat ist eine der besten Regeln im Umgang mit Menschen, um Konflikte und Auseinandersetzungen zu vermeiden oder zu beenden. Wir meinen zwar oft, unser Ziel zu erreichen, wenn wir dem anderen gründlich die Meinung sagen, aber menschliche Beziehungen zerbrechen leicht, wo dies ausgiebig getan wird.

Bei der Frage, ob wir nicht unseren Zielen entgegenarbeiten, müssen wir zwischen lang- und kurzfristigen Zielen unterscheiden. Auch sie sollten sich nicht in die Quere kommen. Wenn ein Raucher sich eine Zigarette anzündet, verfolgt er damit meistens das kurzfristige Ziel, sich ein wenig Genuß zu verschaffen. Natürlich ist ihm bewußt, daß Rauchen seiner Gesundheit schadet. Jedes Jahr sterben in der Bundesrepublik 150 000 Menschen vorzeitig an den Folgen des Nikotingenusses, und etwa 23 000 Raucherbeine müssen amputiert werden. Verfolgt also der Raucher das langfristige Ziel, seine Gesundheit zu ruinieren und vorzeitig zu sterben? Wohl kaum! Er macht sich nur nicht bewußt, daß sein kurzfristiges Ziel „Genuß" seinem langfristigen Ziel „lange und gesund leben" zuwiderläuft.

Wir verhalten uns oft in der gleichen Art und Weise. Wie oft opfern wir doch unsere glückliche Zukunft für eine augenblickliche Freude! Wie oft verschlechtern wir unsere Zukunftsaussichten durch heutige Unvernunft: Der Schüler, der keine Lust zum Lernen hat. Der Raser auf der Straße, der risikofreudig dem vor ihm Fahrenden an der Stoßstange klebt. Der sexuell Freizügige, der nicht das Zerbrechen seiner Familie oder Aids einkalkuliert. Der Genußsüchtige, der alles in sich hineinstopft mit dem Wissen, daß er sich damit „schwere Probleme" für die Zukunft einhandelt, sprich: Übergewicht. Der Schuldenmacher, der nicht warten kann, bis er das Gewünschte zusammengespart hat, und nachher nicht weiß, wie er die Zinsen bezahlen soll. Die ständig nörgelnde Ehefrau oder der Ehemann, der sich keine Zeit für seine Familie nimmt. Der Raucher oder auch der Alkoholtrinker. Der Gleichgültige, der sich nie die Zähne putzt. Der Kriminelle. Der Schwarzseher, der überall ein Haar in der Suppe findet. Der Egoist. Der hektische Streber, der überall und immer der Erste und Beste sein will. Der Unsportliche, der jede überflüssige Bewegung meidet. Der Geizhals, der niemandem etwas gönnt, auch sich selbst nicht. Der Schläger, der ständig seine unkontrollierten Aggressionen abreagieren möchte. Der bestechliche Politiker, den man mit Geld kaufen kann. Sie alle untergraben ihre langfristigen Ziele durch die Verwirklichung kurzfristiger Ziele. Sie zerstören ihre Zukunftsaussichten durch heutige Unvernunft.

Christen haben das langfristige Ziel, einmal auf einer von Gott neugeschaffenen Erde glücklich zu leben, frei von Süchten und Gebundenheiten, in Liebe und Harmonie mit dem Nächsten und in einem engen Vertrauensverhältnis zu Gott. Wenn dies das Endziel ist, dann erhebt sich die Frage, warum wir nicht damit beginnen, dies schon heute zu verwirklichen? Warum begeben wir uns in Abhängigkeiten und Süchte? Warum zerstören wir das harmonische Miteinander unter den Menschen? Warum überlassen wir unser Leben nicht schon heute vertrauensvoll Gott, unserem Schöpfer?

Nach dieser umfangreichen Exkursion müssen wir wieder zu unserem Hauptgedanken zurückkehren. Uns ist bewußt geworden, daß falsche Wahrnehmungen und verkehrte Annahmen ungute Gefühle erzeugen. Wir haben uns deshalb entschlossen, unsere Wahrnehmungen und Annahmen kritischer zu betrachten. Vielleicht sind Sie nach dem Lesen der letzten drei Kapitel ein wenig erstaunt, wie viele Fehler wir beim Aufstellen von Annahmen begehen können. Diese Denkfehler unterlaufen uns jedoch auch beim Bewerten eines Ereignisses und bei unseren Schlußfolgerungen. Deshalb haben wir uns mit ihnen ein wenig ausführlicher beschäftigt.

Er ist gemein und hinterhältig!

Klaus hämmerte nervös auf dem Lenkrad herum. Immer wieder gab er Gas, fuhr dicht an das vorausfahrende Auto heran und mußte wieder abbremsen. „Kann diese blöde Kuh nicht schneller fahren?" schimpfte er. Der Ärger krampfte ihm den Magen zusammen. Dabei hatte er gar keinen dringenden Termin einzuhalten. Er wollte einfach nur schnell fahren. Hätte Klaus diese „blöde Kuh" von vorn gesehen, dann wäre er jedoch mit einem Schlag ein vollendeter Kavalier gewesen. Obwohl sie ein wenig gedankenverloren mit ihrem Auto durch die Gegend trödelte, war Susi eine Traumfrau.

Wir sehen an diesem Beispiel, daß mit unseren Gedanken über ein wahrgenommenes Ereignis fast untrennbar seine Bewertung verbunden ist. Klaus bewertete sein Erlebnis mit der langsam fahrenden Susi extrem negativ und stufte sie als „blöde Kuh" ein. Der wütende Sohn bezeichnet seinen Vater als fies. Der bellende Hund ist ein blutrünstiges Raubtier. Ausländer sind unzuverlässige Arbeiter. Der nichtgrüßende Nachbar ist ein eingebildeter Sonderling. Die Polizei ist gemein und geldgierig. Punker sind unberechenbar und hinterhältig.

Wir sehen an diesen Beispielen schon, daß solche Bewertungen unsere Gefühle ganz entscheidend mitbestimmen. Wenn ich zu jemandem sage: „Du bist

gemein und hinterhältig!" und wirklich davon überzeugt bin, dann werden unweigerlich Gefühle der
Abneigung oder des Ärgers in mir aufsteigen. Zwar
scheinen vordergründig gesehen allein die wahrgenommenen Ereignisse, Personen oder Situationen
meine Gefühle auszulösen, aber in Wirklichkeit
haben meine Gedanken darüber einen nicht zu über-
sehenden Einfluß. Die Bewertung unserer Erlebnisse
steuert nämlich unsere Gefühle sehr stark oder löst sie
sogar erst aus. Deshalb können wir mit Recht sagen:
Nicht der andere ärgert mich, sondern ich ärgere mich
über ihn! Die Ursache des Ärgers liegt also nicht so
sehr im Verhalten des Mitmenschen, sondern mehr in
meinem Denken über ihn.

Die Bibel lehrt uns deshalb, die böse Tat oder das
schlechte Verhalten von der Person des Menschen zu
trennen. So wie Gott die Sünde haßt, aber den Sünder
liebt, sollen auch wir den Nächsten achten und lieben,
obwohl wir sein Verhalten persönlich nicht gutheißen
können. Dies ist gar nicht so einfach. Aber wir können
es mit Gottes Hilfe lernen. Wer das christliche Gedan-
kengut in seinem Alltag verwirklicht, erspart sich also
eine ganze Reihe negativer Gefühle und wird deshalb
glücklicher leben.

Sind wir der Überzeugung: „Der Hund ist bösartig
und will mich beißen!", dann wird uns die Angst
lähmen oder vielleicht Flügel geben. Kommt uns
dieser Gedanke jedoch überhaupt nicht in den Sinn,
sondern sagen wir uns im ersten Impuls: „Wer war nur
so herzlos und hat dich ausgesetzt? Du bist doch ein
armer Kerl", dann haben wir Mitleid mit dem Hund
und sind ärgerlich über seinen Besitzer. Beachte ich
das Tier überhaupt nicht, weil ich gerade über eine
interessante Theorie nachgrübele, dann wird sich bei
mir keine Gefühlsreaktion entwickeln.

Sicherlich haben Sie sich schon so manche Nacht schlaflos im Bett herumgewälzt, weil Sie über eine ärgerliche oder aufregende Situation der Vergangenheit nachdachten. Auch hier waren es nicht die Ereignisse oder handelnde Personen, die Sie aufwühlten, sondern Ihre Erinnerungen oder Gedanken. Sie wurden ärgerlich, unruhig oder aufgeregt, weil die vergangenen Erlebnisse von Ihnen entsprechend bewertet wurden.

Sie sehen, Gedanken und Bewertungen haben starke Auswirkungen auf unsere Gefühle. Damit bietet sich uns aber auch eine interessante Möglichkeit, unsere Gefühle zu steuern und zu beeinflussen. Wie bei der Bekämpfung der drei großen Störenfriede unseres Lebens – Egoismus, Perfektionismus und Pessimismus – müssen wir lernen, umzudenken und unsere Erlebnisse positiver zu beurteilen. Weil unsere Bewertungsmaßstäbe und Einstellungen über viele Jahre in uns gewachsen sind, ist dieses Umdenken nicht einfach. Wir sind durch die Verhaltensweisen, die uns Eltern, Kameraden oder Lehrer vorlebten, geprägt. Belohnungen und Bestrafungen haben bestimmte Denkmuster in uns gefördert. Ideen, weltanschauliche Fragen und Lehren haben unsere Gedankenwelt beeinflußt. Viele Menschen glauben ja nur deshalb nicht an Gott oder glauben an ihn, weil sie dies von ihren Eltern kritiklos übernommen haben, statt sich eine eigene Meinung zu bilden. Manche haben aber auch genauso kritiklos den Glauben ihrer Eltern über Bord geworfen, weil sie in ihrem Selbständigkeitsstreben meinten, ihre Eltern hätten immer unrecht.

Habe ich durch drastische Erzählungen meines Freundes oder durch schlechte Erfahrungen die Überzeugung gewonnen, Punker seien unberechenbare und brutale Kerle, dann wird jedesmal Angst oder Abneigung in mir aufsteigen, wenn mir solch ein „Exote" über den Weg läuft. Ist mein Freund jedoch selbst ein Punker, werde ich wahrscheinlich nur über den Spleen dieser Jugendlichen lächeln und mich fragen, wie ihnen die Punkfrisur steht, wenn sie Rentner sind. Auch meine Bewertungsmaßstäbe müssen also von mir immer wieder auf ihre Richtigkeit hin überprüft werden, wenn ich mir unnötige negative Gefühle ersparen will.

Wir werden uns in den folgenden Abschnitten mit Einstellungen und Bewertungsmaßstäben beschäftigen, die unsere Gefühlswelt immer wieder durcheinanderbringen und ein glückliches Leben unmöglich machen. Doch zuvor werden wir einen kleinen Abstecher in die Psychobiologie unternehmen.

Schnellkurs über die Hirnfunktionen

Damit das bisher Gesagte klarer wird, wollen wir uns ein wenig mit unserem Gehirn beschäftigen. Grob gesagt besteht es aus drei funktionellen Hirnteilen, die selbständig arbeiten und doch voneinander abhängig sind. Vielleicht könnte man sie als eine Art „Dreieinigkeit" bezeichnen. Der erste Hirnteil ist der Hirnstamm. Er ist für die Steuerung der unwillkürlich ablaufenden körperlichen Vorgänge, wie Atmung, Verdauung, Kreislauf usw., zuständig. Darüber liegt das „limbische System", welches unsere Gefühle steuert. Der dritte funktionelle Hirnteil ist die Großhirnrinde. Das sind unsere „grauen Zellen", die mit dem Denken und der Motorik zu tun haben. Diese Beschreibung ist natürlich stark vereinfacht. Unser Gehirn ist ein solch kompliziertes Gebilde, daß die Psychobiologen es bis heute nicht verstehen, sondern nur Teilaspekte der Hirntätigkeit beschreiben können.

Wenn wir etwas wahrnehmen, gelangt diese Information gleichzeitig zu allen drei Hirnteilen. Der Kortex denkt über das Wahrgenommene nach und beeinflußt damit das limbische System und den R-Komplex. Das limbische System entwickelt eine Gefühlsreaktion aufgrund der Wahrnehmung und des Einflusses der Gedanken. Es beeinflußt außerdem auch den R-Komplex, der seinerseits schon eine körperliche Reaktion eingeleitet hat, die aber durch das Denken und Fühlen mitbestimmt wird. Außerdem findet eine Rückkopplung statt. Eine vom R-Komplex bewirkte Ausschüttung von Hormonen wird zum Beispiel unser Denken und Fühlen beeinflussen. Außerdem kann die Gefühlsreaktion des limbischen System das Denken manchmal total blockieren; so bei Menschen, die durch ein schreckliches Ereignis in Panik geraten sind.

Interessanterweise kann sich das limbische System auch selbst beeinflussen, zum Beispiel durch kleine epileptische Entladungen. Sie rufen bei manchen Menschen das Gefühl hervor, ein warmer Wind streichele ihre Haut, obwohl es völlig windstill ist. Sie können auch den Eindruck erwecken, man sei an einem bestimmten Ort schon einmal gewesen, obwohl man ihn zum ersten Mal besucht. Diese Menschen behaupten aufgrund ihrer Empfindungen recht häufig, sie hätten schon einmal gelebt. Deshalb würden sie den vorher noch nie betretenen Ort schon kennen. In Wirklichkeit hatten sie nur eine winzige epileptische Entladung in ihrem limbischen System, die auch bei Menschen auftreten kann, die keine Epileptiker sind. Natürlich gibt es bei den Vertretern der Reinkarnation (Wiedergeburt der Seelen in neue Körper) auch spiritistische Erfahrungen. Durch solche Phänomene soll den Menschen offensichtlich weisgemacht werden, daß die Bibel unrecht hat, wenn sie sagt: „Die Folge der Trennung von Gott ist der Tod. Nur durch Christus ist ein neues Leben möglich." Bis jetzt hat sich die Bibel immer als wahr erwiesen.

Durch den Aufbau unseres Gehirns und durch die verschiedenen Funktionen seiner drei Teile ist uns klar geworden: Unsere Gefühle werden nicht allein durch die Wahrnehmung bestimmter Ereignisse oder

Situationen hervorgerufen und gesteuert, sondern auch durch unser Denken darüber, und dies sehr entscheidend. Es gibt sogar in der Psychologie eine Richtung, die behauptet, das Denken beeinflusse und präge unsere Gefühle mehr als alles andere. Wie dem auch sei, wir haben durch die Möglichkeit des Umdenkens jedenfalls ein wirksames Mittel, um mit den belastenden Situationen des Alltags besser fertig zu werden. Das sollten wir nutzen.

Ich will aber!

„Wer nur seinen eigenen Vorstellungen folgt, ist dumm; wer sich von der Weisheit leiten läßt, lebt in Sicherheit." (Sprüche 28, 26, Die Gute Nachricht.)

Diesen Ausspruch Salomos sollten wir bei den folgenden Gedanken besonders im Auge behalten. Es ist nämlich eine typisch menschliche Schwäche, die eigenen Ansichten auch dann noch zu verteidigen, wenn sie offensichtlich falsch oder zerstörerisch sind. Ja, wir versuchen manchmal auch dann noch unsere Ideen und unseren Willen durchzusetzen, wenn uns die Verhältnisse wie eine Betonwand Einhalt gebieten. Versuchen wir diese Wände mit unserem Kopf einzurennen, ist es kein Wunder, daß uns der Schädel brummt.

Nehmen wir einmal an, es geht Ihnen wie meiner Frau und mir bei unserem ersten gemeinsamen Urlaub. Sie fahren nach Spanien, weil dort die Wahrscheinlichkeit größer ist, einen sonnigen und warmen Urlaub zu verleben, als an der Nordsee. Drei Wochen ist der Himmel jedoch mit dicken Wolken verhangen. Jeden Tag prasseln heftige Regenschauer herab und lassen Sie in Ihrer luftigen Kleidung frösteln. Aus den Nachrichten erfahren Sie mit steigender Frustration, daß in Norddeutschland die Sonne Tag für Tag von einem strahlend blauen Himmel lacht, und dies drei Wochen lang! So etwas darf doch nicht passieren, nicht wahr? Wenn ich schon im Urlaub die vielen Kilometer nach Spanien fahre, dann darf es dort nicht regnen!

Wir denken recht häufig, daß alles so sein und kommen muß, wie wir es wollen und uns vorstellen. Dies äußert sich in vielen Redewendungen, die wir benutzen oder zu hören bekommen: „Ich muß unbedingt meine Abschlußprüfung bestehen! Ich darf nicht versagen!" – „Wenn ich doch nur nicht diesen Fehler gemacht hätte. Das hätte mir nicht passieren dürfen!" – „So lasse ich nicht mit mir umspringen! Das kann ich mir von diesem Kerl einfach nicht gefallen lassen!" – „Wie konnte ich nur so dusselig sein und mein Portemonnaie verlieren. Ich hätte besser aufpassen müssen!" – „Das hättest du mir nicht sagen dürfen! Das ist doch einfach unmöglich!"

Versuchen Sie einmal in den folgenden Tagen, Redewendungen dieser Art bei ihren Mitmenschen oder sich selbst aufzuspüren. Wenn Sie Ihr Ohr dafür schulen, wird es Ihnen leichter fallen, unglücklichmachende Gedanken zu entlarven. Wir wollen oft unseren Willen durchsetzen. Dabei versuchen wir einen Zwang auszuüben auf Menschen, Situationen, Gegenstände, auf uns selbst oder auch auf Gott. Alles muß unserem Willen entsprechen! Eine solche Haltung ist natürlich sehr fragwürdig. Sie kombiniert unseren Egoismus mit absoluten Verallgemeinerungen: Alles muß immer nach unserer Nase laufen! Eine solche Einstellung ruft verständlicherweise stark negative Gefühle hervor, wie Wut, Ärger und Abneigung oder auch Angst, Sorge, Entmutigung, Enttäuschung und Niedergeschlagenheit, wenn etwas anders läuft, als wir es erwartet haben.

Es sollte uns bewußt sein, daß niemals alles immer so kommt, wie wir es wünschen. Dafür ist das Leben zu kompliziert. Wir haben auch kein Recht, unserem Mitmenschen ständig unseren Willen aufzuzwingen. Damit erheben wir uns nämlich in liebloser Weise über ihn und versuchen ihn zu versklaven.

Natürlich dürfen wir auch nicht dem anderen Extrem verfallen und gleichgültig oder resignierend sagen: „Ist doch alles egal!" Es fällt nicht leicht, die richtige Mitte zu finden zwischen ständiger Willensdurchsetzung und totaler Willenlosigkeit. Sie erinnern sich sicherlich an den Grundsatz des logischen Denkens, daß absolute Behauptungen meistens falsch sind. „Alles ist egal!" und „Alles muß immer nach meinem Willen geschehen!" sind somit unlogische und falsche Behauptungen.

Extremisten haben der Menschheit oft geschadet, egal ob sie politische oder religiöse Fanatiker waren. Auch im normalen Alltag ist die „Alles-oder-nichts"-Haltung oft eine Belastung für die Mitmenschen. Wir sollten deshalb versuchen, stets die richtige Mitte zu finden. Dabei geben uns die Wertmaßstäbe der Bibel oder die Person Jesu Christi die beste Orientierung. In der Bitte des Vaterunsers haben wir eine gute Hilfe, die egoistische Willensdurchsetzung zu bekämpfen, wenn wir aufrichtig beten: „Dein Wille geschehe auf Erden wie im Himmel." Aber wie oft wird dies gebetet und im nächsten Augenblick darüber nachgedacht, wie man den eigenen Willen besser durchsetzt.

Wollen wir negative Gefühle wie Angst, Wut oder Niedergeschlagenheit vermeiden, ist es nötig, die folgenden Gedanken einzuprägen: Mein Wille muß nicht immer geschehen. Es muß nicht alles so sein und kommen, wie ich es für richtig halte oder wünsche. Es kann ruhig einmal anders sein. Ich habe kein Recht zu fordern, daß alles nach meiner Pfeife tanzt.

Mein neues Auto darf auch einmal eine Beule oder

Schramme bekommen. Ich kann Gott nicht zwingen, dies zu verhindern. Man darf auch über mich lachen oder reden. Ich habe kein Recht, dies zu verbieten. Es darf während des Sommerurlaubs in Spanien regnen. Ich habe nicht die Macht, dies zu ändern. Ich möchte zwar nicht unheilbar krank werden, aber ich werde mich damit abfinden müssen, wenn es doch geschieht.

Vor kurzem erzählte mir eine Schülerin, sie habe fürchterliche Angst vor ihrer Abschlußprüfung, obwohl ihr Notendurchschnitt gut sei. „Ich muß die Prüfung unbedingt bestehen", meinte sie ein wenig nervös, „ich darf einfach nicht durchfallen!" Es war nicht schwer, ihr klarzumachen, daß ihre fordernde Haltung in ihr starke Gefühle der Angst hervorrief und daß diese Angst ihr Denken während der Prüfung total blockieren könnte. „Fällt es dir schwer", fragte ich sie, „über einen 15 Zentimeter breiten Balken zu balancieren, wenn er auf dem Boden liegt?" – „Keineswegs", antwortete sie überzeugt, „das ist für mich ein Kinderspiel." – „Und wenn er sich zehn Meter über dem Erdboden befindet?" – „Dann würde ich bestimmt herunterfallen", gab sie freimütig zu. „Warum?" wollte ich wissen. „Ja, weil ich dann Angst hätte, und dabei wäre ich ganz verkrampft und unsicher. Ich würde mir sagen: Du mußt unbedingt auf dem Balken bleiben! Du darfst nicht herunterfallen!" – „Siehst du", sagte ich zu ihr, „bei deiner Prüfung ist es ganz genauso. Du setzt dich selbst unter Druck. Dadurch kommt Angst auf, und dein Denken verkrampft. Du mußt bei der Prüfung auf dem Erdboden bleiben, dann wird sie für dich kein Problem sein. Bereite dich gut darauf vor, und dann geh zur Prüfung in dem Bewußtsein, daß sie für dich in Wirklichkeit ein Kinderspiel ist. Außerdem, ist es wirklich so tragisch, wenn du durchfallen solltest?"

Nur der Weltuntergang ist ein Weltuntergang

Im letzten Beispiel klang schon an, daß mit dem Gedanken, alles müsse den eigenen Vorstellungen entsprechen, noch ein zweiter verbunden ist. Für die Schülerin wäre es eine „fürchterliche Katastrophe", wenn sie während der Prüfung versagte. Diese Behauptung klingt für den nüchternen Betrachter doch ein wenig übertrieben. Wir verbinden das Wort „Katastrophe" normalerweise mit Erdbeben, Waldbränden, Sturmfluten, Unfällen in Chemiefabriken und Kernkraftwerken oder anderen schlimmen Ereignissen, nicht aber mit schlechten Zensuren in der Schule.

Das Dramatisieren eines schlechten Ereignisses ist wiederum ein typisch menschliches Verhalten. Versuchen Sie einmal in den nächsten Tagen, für derartige übertriebene Bemerkungen sensibel zu werden. Vielleicht werden Sie die folgenden Redewendungen hören: „Der Gedanke, meine Arbeit verlieren zu können, macht mich ganz krank!" − „Es ist schrecklich, den ganzen Tag so allein zu sein!" − „Ich habe einen entsetzlichen Fehler gemacht!" − „Immer dieses Geschirrspülen!" − „Das ist eine bodenlose Gemeinheit!" − „Diese fürchterliche Hitze!" usw.

Vielleicht fragen Sie sich: Sind solche Redewendungen denn nicht berechtigt? Haben wir nicht oft mit wirklich schrecklichen oder tragischen Situationen zu kämpfen? Wenn wir die aufgezählten Aussagen nüchtern und sachlich betrachten, dann haben sie die Tendenz, aus vielleicht nur unangenehmen oder auch schlimmen Ereignissen gleich schreckliche und fürchterliche Katastrophen zu machen. Katastrophe meint hier so etwas wie den Untergang unserer Welt. Alles wird zusammenbrechen, alles wird sinnlos, wenn es nicht so kommt, wie ich es gern hätte oder mir wünsche!

Wir sehen hier eine aus der Kindheit stammende Neigung, alles maßlos zu übertreiben. Es ist jedoch für ein ausgeglichenes Gefühlsleben wichtig, daß wir auf dem Boden der Wirklichkeit bleiben. Eine wirksame Hilfe dafür ist das Einordnen von unangenehmen oder schlimmen Ereignissen auf einer Skala von 0 bis 100 Prozent. Geschirrspülen könnte ich als lästig empfinden und bei 3 Prozent dieser Skala einordnen. Autofahren bei großer Hitze ist sicherlich unangenehmer und deshalb vielleicht 15 Prozent schlecht. Der qualvolle Tod eines lieben Angehörigen ist dagegen sicherlich 100 Prozent schlimm. Bezeichne ich aber Ereignisse als fürchterliche Katastrophen, gehe ich über diese Skala hinaus und verlasse die Wirklichkeit. Sie sind dann schlimmer als schlimm.

Eine vollkommen schlechte Sache kann jedoch nicht bis ins Unendliche verschlechtert werden. Nach den Regeln des logischen Denkens dürfen wir etwas Absolutes nicht noch absoluter machen. Nichts ist schwärzer als schwarz und schlechter als vollkommen schlecht! In Wirklichkeit ist also nur der Weltuntergang selbst ein Weltuntergang! Deshalb sollten wir negative Ereignisse nicht zu solch einer Katastrophe hochspielen. Wenn wir in dieser Weise dramatisieren, werden wir natürlich auch die entsprechenden Gefühle entwickeln. Unangenehme Ereignisse empfinden wir als lästig. Katastrophen aber lassen uns zusammenbrechen! Deshalb sollten wir uns einen weiteren Grundsatz einprägen: „Ich will nichts schlimmer machen, als es in Wirklichkeit ist!"

Vieles in unserem Leben ist nicht so tragisch, wie wir es sehen oder bewerten. Fragen wir uns also in kritischen Situationen: „Schätze ich die Lage richtig ein, oder sehe ich sie zu schwarz? Wie schlimm ist sie wirklich?" Bezeichne ich nämlich den Verlust eines meiner Finger als entsetzlich, das heißt wenigstens 100 Prozent schlimm, wie soll ich dann die Amputation eines Beines, den Verlust der Sehkraft oder einen bösartigen Gehirntumor beurteilen? Ist für mich ein zerbeultes Auto eine Katastrophe, wie bewerte ich dann eine durch Unfall verursachte Querschnittslähmung? Halte ich den Verlust meines Arbeitsplatzes für einen Weltuntergang, wie soll ich dann die Ermordung oder das Leiden unzähliger Menschen in den Krisengebieten unserer Erde einschätzen? Versuchen wir also in Zukunft, negative Ereignisse wirklichkeitsnah auf der Skala „Nicht schlecht – vollkommen schlecht" einzuordnen. Wir werden dadurch viele unnötige Gefühlsbelastungen vermeiden.

Fliehen oder Durchstehen?

Herbert war ein richtiger Waschlappen. Tauchten in seinem Leben Probleme auf, galt es Durststrecken zu überwinden oder einfach nur zu lernen und zu arbeiten, warf er sofort das Handtuch und meinte: „Das ist mir zu unangenehm!" oder „Das schaff ich niemals!" Alle Bemühungen, ihn zu einem erfüllten und glücklichen Leben zu führen, prallten letztlich an ihm wie an einer Ölhaut ab, obwohl ihn sein Herumgammeln „ankotzte", wie er selbst sagte. Der Weg des geringsten Widerstandes führte ihn letztlich in die Sucht. Sein Hauptproblem war offensichtlich, daß er vor jeder Schwierigkeit floh, statt sich ihr zu stellen und sie durchzustehen.

Wenn wir Unangenehmes oder Schlimmes zu sehr hochspielen, entsteht als Folge davon oft die Überzeugung, das „Entsetzliche" nicht verkraften oder das „Fürchterliche" nicht ertragen zu können. Es ist ja auch verständlich, daß uns der Mut sinkt, wenn wir aus etwas Negativem eine schreckliche Katastrophe gemacht haben. Aber wie Herbert sind wir häufig der Meinung, auch weniger schlimme Dinge nicht durchstehen zu können. Sicherlich haben Sie die folgenden Aussagen schon einmal gehört: „Das halte ich nicht länger aus!" – „Wie soll es bloß weitergehen?" – „Ich kann es nicht ertragen, wenn man über mich herzieht!" – „Ich bin völlig am Ende!" – „Ich kann ihr dies niemals verzeihen!" – „Ich würde verrückt, wenn mir dies passierte!" – „Es ist zum Davonlaufen!" – „Am liebsten würde ich meine Sachen packen und abhauen!" usw.

Viele Menschen gehen gerne den Weg der geringsten Schwierigkeiten. Sie weichen problematischen Entscheidungen aus oder fliehen in eine Sucht, um ihrer Misere zu entkommen. In Wirklichkeit ist der sogenannte leichtere Weg jedoch der schwerere. Vermeide ich nämlich nach Streitigkeiten das versöhnende Gespräch, weil es mir zu unangenehm ist, dann werde ich weiter unter der gespannten Atmosphäre zu leiden haben. Gehe ich angstmachenden Situationen ständig aus dem Weg, werde ich meine Angst bis zu meinem Lebensende behalten. Bekenne ich Gott nicht meine Schuld, werde ich niemals das frohmachende Gefühl der Befreiung erleben.

In den meisten negativen Lebenssituationen ist es Unsinn zu behaupten, man könne etwas nicht aushalten oder ertragen. In Wirklichkeit können wir ungeheure körperliche und seelische Strapazen durchstehen. Denken Sie nur an Menschen, die durch ein Unglück in Einöden verschlagen wurden, an Kriegsgefangene, Gefolterte, Schwerverletzte, Krebskranke. Denken Sie an die christlichen Märtyrer, die man für ihren Glauben lebendig verbrannt oder langsam zu Tode gequält hat. Sie alle haben millionenfach bewiesen, daß der Mensch mehr Leid, Schmerzen, Hunger, Durst oder Strapazen durchstehen kann, als wir es in guten Zeiten für möglich halten. Mancher sogenannte „Schwächling" wuchs in Krisensituationen weit über sich hinaus und beschämte mit seiner Haltung die sogenannten „Starken" unserer Welt.

Während einer Abenteuerfreizeit in der Wildnis von Mittelschweden campierte unsere Gruppe in

einem sumpfigen Gelände oberhalb der Schnee-
grenze. Nach anfänglich gutem Wetter sollte uns
anscheinend nun die andere Seite des nördlichen
Klimas demonstriert werden. Drei Tage regnete es in
Strömen, während der Wind an unseren Expeditions-
zelten rüttelte. Da gab es nur eins: In den Schlafsack
kriechen und Winterschlaf halten.

Plötzlich hörte ich einen Jugendlichen im Nachbar-
zelt rufen: „Ich will nicht mehr! Ich kann nicht mehr!
Ich muß!" Schallendes Gelächter aus den anderen
Zelten zeigte, daß unsere Gruppe nach den siebzig
Stunden Unwetter noch nicht an Trübsinn gestorben
war. Wir erinnerten uns alle an die Geschichte des
deutschen Soldaten, der zu Fuß vom Polarkreis nach
Deutschland floh, um nicht in Kriegsgefangenschaft
zu geraten. Obwohl seine Stiefel nur noch in Fetzen an
seinen blutenden Füßen hingen, marschierte er weiter. Um sich selbst Mut zu machen, sagte er sich im
Rhythmus seiner Schritte: „Ich will! Ich kann! Ich
muß! Ich will! Ich kann! Ich muß!"

Dieser Gedanke hat auch uns geholfen, wenn wir
am Abend eines Tages meinten, unsere 25 bis 30 Kilo-
gramm Gepäck nicht mehr die letzte Anhöhe hoch-
schleppen zu können. Am Ende der Freizeit waren
wir uns einig: Ein solcher Urlaub bringt letztlich mehr
Freude als eine „Gammelfreizeit" am Mittelmeer.
Wir haben Abenteuer erlebt, Strapazen durchgestan-
den und erkannt, daß die Wildnis keine Bedrohung
für uns Menschen ist, wenn man nach bestimmten
Regeln handelt.

Wenn wir an unserer Überzeugung festhalten, eine
bestimmte Situation nicht ertragen zu können — zum
Beispiel die ständigen Sticheleien von Arbeitskollegen oder einfach nur die Gegenwart eines unangenehmen Zeitgenossen —, dann handeln wir uns neben

dem negativen Erlebnis auch noch zusätzliche Schwierigkeiten ein. Wir blockieren nämlich die Lösung unseres Problems, sind unzufrieden mit unserer Lage und stürzen uns in depressive Gedanken. Oftmals sagen sich Menschen in einer solchen Situation: „Nichts kann mir mehr helfen! Es ist alles aus!" Dieser Gedanke ist natürlich wieder extrem und unlogisch. Wann ist schon alles aus?!

Wir kommen zu einem weiteren Grundsatz, den wir uns einprägen sollten: „Ich kann mehr ertragen, als ich meine! Deshalb will ich meine Schwierigkeiten durchstehen, statt die Flinte ins Korn zu werfen und zu flüchten." Eine Flucht in die Sucht löst nicht meine Probleme, sondern macht mich nur blind für sie, und eine Flucht nach Kanada oder Australien hilft mir genausowenig, weil ich die Hauptursache meiner Schwierigkeiten dorthin mitnehme, nämlich mich selbst!

In Krisenzeiten sollten wir uns auch fragen: „Kann ich überhaupt beweisen, daß ich die fragliche Situation nicht verkraften werde?" Ein solcher Beweis wird kaum möglich sein, weil nur Gott die Zukunft zuverlässig kennt. Die Erfahrungen der Vergangenheit zeigen uns dagegen eher das positive Gegenteil. Trotz aller Schmerzen, Beschwerden und Schwierigkeiten der Vergangenheit sind wir noch am Leben. Folglich sind wir an dem Negativem unseres bisherigen Lebens nicht zugrunde gegangen. Wir können daraus schließen, daß wir auch in Zukunft genügend seelische Tragkraft besitzen, problematische Situationen zu verkraften.

Wir haben in Gott eine unerschöpfliche Kraftquelle zur Verfügung, die viele Menschen leider nicht in Anspruch nehmen. Zahlreiche Christen haben in Zeiten der Not durch ihren Glauben an Gott den

Allmächtigen — an den, der alles vermag — eine solche seelisch-geistige Kraft erhalten, daß sie Unvorstellbares leisten oder erdulden konnten. Diese Kraftquelle steht jedem offen. Wir brauchen uns mit unseren Sorgen nur an Gott zu wenden und um seinen Beistand zu bitten. Es sind nicht nur die großen Lebensprobleme, die wir vor ihn bringen dürfen. Wir können auch darum beten, daß wir ein positives Verhältnis zu einem Menschen bekommen, dessen Gegenwart uns augenblicklich noch unerträglich erscheint.

Was bin ich doch für ein Trottel!

Sicherlich kennen Sie den markanten Satz aus der Bergpredigt: „Richtet nicht, damit ihr nicht gerichtet werdet!" In einer moderneren Übersetzung lautet diese Aufforderung Jesu: „Verurteilt nicht andere, damit Gott nicht euch verurteilt. Denn euer Urteil wird auf euch zurückfallen, und ihr werdet mit demselben Maß gemessen werden, das ihr bei anderen anlegt." (Matthäus 7, 1. 2, Die Gute Nachricht.)

Manchmal brandmarken wir nicht nur andere wegen ihrer Fehler, sondern verurteilen auch uns selbst in Bausch und Bogen. Natürlich fällt es uns leichter, den Mitmenschen zur Rechenschaft zu ziehen, als uns selbst zu kritisieren. Oft entschuldigen wir unsere Fehler mit dem Versagen des anderen oder schieben unsere Schuld auf ihn ab. Aber es geschieht doch recht häufig, daß wir nicht nur den anderen, sondern auch uns selbst verdammen, wenn Fehler gemacht wurden oder etwas mißraten ist. Vielleicht haben Sie sich schon selbst mit den folgenden Ausdrücken bedacht: „Ich tauge zu nichts!" – „Was bin ich doch für ein Trottel!" – „Ich habe zwei linke Hände!" – „Wer kann schon einen wie mich mögen!" – „Ich bin ein Versager!" Die Folge solcher Gedanken ist ohne Zweifel eine tiefe Niedergeschlagenheit, die gerade die Kräfte lähmt, die zur Bewältigung der Krise nötig wären.

Hat unser Mitmensch sich dagegen falsch verhalten, fallen die folgenden aggressionsfördernden Sätze: „Dieser Hund!" – „Das soll sie mir büßen!" – „Mit so einem Kerl würde ich kein Wort mehr reden!" – „Diese unverschämte Person!" – „Das geschieht ihm aber recht!" – „Man muß es ihm zeigen, damit er merkt, was los ist!" – „Der werde ich es heimzahlen!" – „Diese alte Meckerziege!" – „Der ist doch reif für die Klapsmühle!"

Wer so redet, der begeht den Fehler, daß er die Person mit ihren Handlungen verwechselt, daß er also die Person verurteilt statt ihre Fehler. Es ist eigentlich unsachlich, wenn wir sagen: „Er ist ein fieser Kerl!" Damit meinen wir: Er ist in seinem Wesen durch und durch ein Fiesling. Richtiger ist es, wenn wir sagen: „Sein Verhalten war gemein!"

Ja, aber ist der Mensch nicht das, was er tut? Dürfen wir denn sein Verhalten und Reden von seiner Person trennen? Müssen wir nicht unseren Mitmenschen nach seinem Verhalten beurteilen? Tatsächlich wird in unserer Gesellschaft der Wert eines Menschen häufig von seiner Leistung her bestimmt. Es wäre jedoch traurig, wenn wir unseren Lebenspartner oder unsere Kinder nur wegen ihrer Leistungen lieben würden! Dies sollten wir dann auch nicht bei anderen Menschen tun.

Eine Beurteilung nach dem Verhalten ist eine äußerst fragwürdige Angelegenheit; denn Fehlverhalten kann durch Krankheiten hervorgerufen werden, zum Beispiel durch Arteriosklerose. Bestimmte Medikamente können genauso zu einer Verhaltensänderung führen, für die der Mensch dann nicht verantwortlich gemacht werden darf. Manchmal kann Verhalten auch Schauspielerei sein. Wenn Sie einem heruntergekommenen Stadtstreicher begegnen, sollten Sie vorsichtig mit der Beurteilung sein: „Der ist doch nur noch ein Wrack! Dieser alte Säufer!" Es könnte durchaus einmal vorkommen, daß Sie in Wirklichkeit einem Soziologieprofessor oder -studenten begegnen, der menschliche Verhaltensweisen in einem Experiment erforschen will, also auch Ihr Verhalten. Möglicherweise ist er auch ein Exzentriker, der hautnah erfahren möchte, wie Tippelbrüder leben. Es könnte auch geschehen, daß dieser sogenannte „arme Bettler" abends in seinem Mercedes nach Hause fährt und sich über die guten Tageseinnahmen freut.

Sicherlich ist dies nicht die Regel. Aber es kommt immer wieder vor, und in einem solchen Fall wäre die Beurteilung nach dem Äußeren und Verhalten völlig falsch. Vergessen Sie nicht: Wir müssen unsere Wahrnehmungen immer wieder kritisch überprüfen, weil wir durch unsere Sinne oder durch Äußerlichkeiten oft getäuscht werden.

Wir sollten uns hüten, den Mitmenschen oder auch uns selbst nur nach guten und schlechten Eigenschaften oder Verhaltensweisen zu beurteilen und dann mit einem Etikett zu versehen. Kein Mensch ist grundschlecht, wenn er sich ein paarmal schlecht verhalten hat. Was heißt hier überhaupt „schlecht"? Oft meinen wir doch damit nur, daß der Betreffende nicht nach unserem Willen gehandelt oder unseren Erwartungen entsprochen hat! Wir müssen uns also fragen, ob unser Maßstab für gut und schlecht überhaupt richtig ist. Da wir alle ein wenig die Neigung zum Extremen haben, verurteilen wir unsere Mitmenschen oder auch uns selbst zu schnell als völlige Versager oder wertlose Subjekte, wenn Fehler gemacht worden sind. „Aus dir wird niemals was Rechtes!" − „Du elender Taugenichts!" − „In die Mülltonne mit ihm!" − „Was soll

102

ich jetzt noch auf dieser Welt? Ich bin doch zu nichts mehr nütze!" Ein solches Reden und Denken zerstört unsere innere Harmonie und das positive Verhältnis zum Nächsten.

Wir wollen deshalb unseren letzten Grundsatz formulieren, der uns vor negativen Gefühlen bewahren soll: „Ich will niemanden − auch mich selbst nicht − wegen seines fehlerhaften Verhaltens verdammen." Kein Mensch ist fehlerlos, und oft haben gerade die harten Richter den meisten Schmutz an den Füßen. Sie möchten sich gerne durch ihr Urteil mit ihrem eigenen Unrat hinter den Fehlern anderer verstecken. Wer nur eine graue Maus ist, der malt häufig den anderen schwarz, damit er vor diesem negativen Hintergrund als „weißer Riese" erscheint. Er meint also: Je schwärzer ich den anderen darstelle, desto besser erscheine ich. Dabei merkt er nicht, daß er sich mit seiner Schwarzmalerei nur selbst entlarvt.

Fehler sind kein Maßstab für den Wert eines Menschen! Dies hat Christus sehr deutlich gemacht. In dem Brief an die christliche Gemeinde in Rom lesen wir: „Christus aber starb für uns, als wir noch Gottes Feinde waren. Damit hat Gott uns gezeigt, wie sehr er uns liebt." (Römer 5, 8, Die Gute Nachricht.) Christus starb für uns Menschen, als wir noch seine Feinde waren! Ein unvorstellbarer Gedanke! Man opfert sich doch nur für seine Freunde. Feinde dagegen bestraft man. Das ist menschliche Regel! Gott dagegen trennt die Person des Menschen von seinem Verhalten: Er verurteilt die Sünde, aber er liebt den Sünder. Er vergibt das falsche Verhalten und nimmt den Menschen in Liebe an. Eine bessere Regel für das Gewinnen von Freunden gibt es wohl nicht.

Christus hat die Menschen immer wieder aufgefordert, ihre Einstellung zu ändern. Er hat uns durch sein

Leben ein Vorbild gegeben, wie eine positive und harmonische Lebenshaltung aussehen soll. Wenn wir so ausgeglichen sein wollen wie er, sollten wir seine Einstellung kennen und sie uns so fest einprägen, daß sie ein Teil unseres Wesens wird. Lassen Sie mich das bekannte Wort aus Matthäus 11, 28—30 sinngemäß übersetzen, wie Christus es sicherlich gemeint hat: „Kommt zu mir alle, die ihr euch abquält und belastet seid; ich will euch innere Ruhe und Frieden geben. Übernehmt meine Art zu leben und lernt von mir, so werdet ihr Ruhe finden für eure Seelen."

Die Kraft des Umdenkens

Ulrike wurde eines Tages schwer depressiv. Sie war die vierzehnjährige Tochter eines christlichen Psychiaters. Ständig verfolgten sie die niederdrückenden Gedanken: „Mich mag niemand. Ich werde von keinem Menschen geliebt." Obwohl Väter mit ihren fachlichen Begabungen oft den eigenen Kindern nicht helfen können, setzte sich der Psychiater trotzdem zu seiner Tochter und fragte sie: „Sag mal, hast du Beweise dafür, daß dich niemand mag? Ist dir irgend etwas bewußt, an dem du zeigen kannst, daß wir dich nicht lieben?"

„Nein", antwortete die Tochter nach einigem Überlegen, „aber ich habe das Gefühl, daß es so ist." – „Betrachte doch aber einmal die Tatsachen", fuhr ihr Vater fort, „zum Beispiel deine Freundinnen. Sie kümmern sich rührend um dich. Sie besuchen dich und helfen dir, wo sie nur können. Ist dies nicht ein Zeichen dafür, daß sie dich schätzen und mögen? Würde deine Mutter für dich kochen, deine Kleider sorgfältig waschen und pflegen oder dich in den Arm nehmen, wenn sie dich nicht liebte? Ist nicht auch meine Anteilnahme an deinem Wohlergehen ein Zeichen dafür, daß du mir am Herzen liegst, daß du mir nicht gleichgültig bist?"

„Ja", antwortete das Mädchen, „ich sehe dies verstandesmäßig ein, aber meine Gefühle sagen mir etwas anderes. Sie sagen mir, daß ihr mich nicht liebt." – „Dann sind deine Gefühle falsch, nicht wahr? Sie widersprechen doch den Tatsachen und wollen dir das Gegenteil einreden." – „Ja, aber was soll ich denn gegen sie machen!" rief die Tochter hilflos. „Ich werde von ihnen beherrscht und kann mich nicht gegen sie wehren."

Der Vater gab ihr nun den Rat, sich ständig bewußt zu machen, wie sehr ihre Angehörigen und Freundinnen sie schätzten. Sie sollte sich immer wieder die Tatsachen vor Augen halten, die für die Liebe ihrer Eltern sprächen, und sich dabei sagen: „Meine Gedanken und Gefühle sind nicht nur schädlich, sondern auch falsch. Sie versuchen mir einzureden, keiner würde mich mögen. Aber das stimmt ja gar nicht! Die Tatsachen zeigen mir, daß meine Eltern und meine Freundinnen mich lieben. Ich will deshalb nichts mit diesen falschen Gedanken und Gefühlen zu tun haben. Sie sind rundweg falsch!"

Nach drei Wochen war Ulrike wieder vollkommen gesund und hatte ihre depressive Phase überwunden, und dies ohne Medikamente! Ein Antidepressivum hätte wahrscheinlich nicht einmal so schnell gewirkt. Das Erfolgsrezept ihres Vaters lautete: „Betrachte deine Situation mit anderen Augen. Sieh die Wirklichkeit und denke um."

Als erstes hatte Ulrike durch das Gespräch mit ihrem Vater erkannt, daß ihre Gedanken – sie sprach zwar von Gefühlen, aber in Wirklichkeit waren es ja ihre Gedanken – nicht der Wirklichkeit entsprachen. Es waren unbeweisbare Vermutungen, die von den Tatsachen schnell widerlegt wurden. Sie hatte auch stark verallgemeinert, indem sie sagte: „Niemand mag mich!" Diese Verallgemeinerung machte ihre Lage erst so richtig hoffnungslos. Es ist schon schwer, wenn einige Menschen uns nicht mögen, aber wenn keiner uns schätzt, dann erscheint dies unerträglich. Eine solche Annahme ist natürlich mit Sicherheit falsch. Auch der gräßlichste Kerl und der bedeutungsloseste Tropf wird Menschen finden, mit denen er sich gut versteht. Er muß nur die Augen dafür offenhalten. Vergessen wir auch nicht den Kranken, der zu Jesus sagte: „Herr, ich habe keinen Menschen" und der dabei nicht bemerkte, daß Jesus ja vor ihm stand und ihm helfen wollte. Auch wenn Menschen uns zeitweise enttäuschen sollten, Jesus ist da!

Zweitens erkannte Ulrike, daß ihre Gedanken ihr nicht halfen, ein harmonisches Verhältnis zu ihren Mitmenschen aufzubauen. Im Gegenteil, ihre trübsinnige Stimmung belastete nicht nur sie, sondern auch die anderen. Außerdem zog sie sich dadurch von ihren Freundinnen und Familienangehörigen zurück. Sie trauerte dem vermeintlichen Verlust der Liebe nach und tat gleichzeitig alles, um ihre Mitmenschen zu vergraulen. Da sie aber die Liebe der anderen wollte und erkannte, daß ihre Angehörigen und Freundinnen sie wirklich mochten, distanzierte sie sich bewußt von ihrem widersprüchlichen Verhalten und zerstörerischen Gedanken.

Zuletzt wurde ihr auch klar, daß ihre Depression nicht durch ihre Umwelt verursacht worden war. Nicht ihre Mitmenschen hatten sich gegen sie gewandt, sondern ihre eigenen, inzwischen als falsch entlarvten Gedanken hatten sie in diesen Gefühlskonflikt gestürzt. Mit der Hilfe ihres Vaters lernte sie umdenken und fand deshalb innerhalb kurzer Zeit den Ausweg aus ihrer Depression.

An diesem Beispiel lassen sich nicht nur die Folgen falschen Denkens verdeutlichen, sondern auch die Kraft des Umdenkens. Halten wir uns noch einmal vor Augen: Wir sind der Umwelt oder unseren Gefühlen keineswegs hilflos ausgeliefert, sondern haben durch ein bewußtes Umdenken ein sehr wirksames Mittel, Gefühlsbelastungen abzubauen oder sie erst gar nicht entstehen zu lassen. Dies sollten wir uns zunutze machen. Wie schon gesagt, fällt uns eine solche neue Denkweise nicht wie eine reife Frucht in den Schoß. Wir müssen uns schon um sie bemühen. Das kritische Hinterfragen und eine neue Einstellung müssen von uns über längere Zeit regelrecht trainiert werden, bis sich daraus eine Gewohnheit entwickelt hat. Nur dann können die aufgezeigten Ratschläge und Regeln eine wirkliche Hilfe bieten. Wer Englisch lernen will, muß so lange Vokabeln und Grammatik pauken, Literatur lesen und Sprechübungen machen, bis er anfängt, englisch zu denken. Es reicht nicht aus, einen Einführungsvortrag über die Struktur der englischen Sprache zu hören. Genausowenig reicht es, ein Buch über seelische Ausgeglichenheit zu lesen. Wir müssen uns vielmehr ein neues Denken angewöhnen, das uns auch in widrigen Lebenssituationen hilft, unsere innere Ausgeglichenheit nicht zu verlieren und Möglichkeiten der Freude zu sehen.

Mach ein fröhliches Gesicht!

Es gibt zahlreiche Möglichkeiten, das Leben glücklich zu gestalten und Freude in den Alltag zu bringen. Wollte man sie alle eingehend behandeln, entstände ein „dicker Wälzer", vor dem auch ein begeisterter Bücherwurm zurückschrecken würde. Dazu gehören u. a. die Befriedigung menschlicher Grundbedürfnisse (Wirken-, Wissen-, Mitteilen-, Haben- und Seinwollen), Lebenssinn oder auch eine interessante und abwechslungsreiche Gestaltung des Daseins. Verläuft unser Alltag Woche für Woche, Monat für Monat, Jahr für Jahr immer gleichbleibend, eintönig und ohne Höhepunkte, werden wir sicherlich Probleme mit der Freude haben. Andererseits kann nicht jeder sein Leben immer so gestalten, daß er restlos zufrieden ist. Außerdem sind viele Menschen todunglücklich, obwohl äußerlich alles zu stimmen scheint. Deshalb haben wir uns eingehend mit der Änderung der Einstellung zum Leben beschäftigt. Dennoch möchte ich zum Schluß noch auf zwei Möglichkeiten hinweisen, unsere Gefühle zum Positiven zu beeinflussen.

Wir haben bis jetzt nur über den Einfluß des Denkens auf unsere Gefühlswelt gesprochen und die Auswirkungen der Gefühle auf den Körper. Nun können wir aber das gesamte Schema auf den Kopf stellen und von einer umgekehrten Wechselwirkung sprechen. Auch unser Körper beeinflußt die Gefühlswelt und das Denken, während die Empfindungen auf die Gedanken einwirken. Diese Erfahrung hat wohl schon jeder von uns gemacht, zum Beispiel bei einer simplen Grippeinfektion: Wenn die Nase verstopft ist, der Hals schmerzt, der ganze Schädel brummt und der Körper vom Fieber geschwächt ist, dann sind wir nicht gerade freudig gestimmt, und auch unser Denkapparat bewegt sich nur träge. In einer solchen Situation fällt es uns schwer, positiv zu bleiben. Wer sowieso schon eine negative Grundeinstellung hat, kann durch eine belastende Krankheit ein recht unangenehmer Zeitgenosse werden, den niemand gerne besucht. Diese typische Erfahrung hat Gehirnforscher veranlaßt, der Frage nachzugehen, wie der Körper unsere Gefühlswelt beeinflußt. Dabei hat man interessante Entdeckungen gemacht.

Versuchen Sie einmal, ihre Mundwinkel nach unten hängen zu lassen und ein richtig trauriges oder sogar verdrossenes Gesicht zu machen. Sie werden feststellen, daß sich auch Ihre Stimmung ein wenig verdunkelt. Ein düsteres Gesicht verdüstert also die Gefühlswelt. Nun machen Sie ganz bewußt ein fröhliches Gesicht. Nein, ich meine nicht dieses gequälte „cheese-Grinsen" sondern ein natürliches, frohes Lächeln! Wenn Sie genau auf Ihre Gefühle achten, werden Sie merken, daß sich nun Ihre Stimmung wieder ein wenig aufhellt. Die Spannung unserer Gesichtsmuskulatur wirkt sich also durch elektromechanische Impulse ihrer Nerven auf das Gefühlszentrum aus. Nicht nur die Nervenimpulse von Auge, Ohr, Geschmackssinn oder der Schmerzrezeptoren in der Haut beeinflussen unsere Gefühle, sondern auch die Nervenimpulse, die von der Gesichtsmuskulatur ausgehen. Diese Erkenntnis veranlaßt moderne Psychobiologen zu dem Rat, ein fröhliches Gesicht zu machen, um die eigene Stimmung zu verbessern. Man darf dies nicht falsch verstehen. Es geht nicht darum, eine fröhliche Maske aufzusetzen, wenn einem in Wirklichkeit zum Weinen zumute ist. Es geht vielmehr um unser normales Alltagsgesicht.

Viele Menschen laufen die meiste Zeit ihres Lebens mit einem Drei-Tage-Regenwetter-Gesicht herum. Sie merken nicht, daß sie dadurch Freunde vergraulen und sich ihr Leben schwermachen. Deshalb ist es ratsam, ab und zu vor dem Spiegel eine Gesichtskontrolle durchzuführen.

Wenn wir uns die Haare kämmen, sollten wir zugleich auch unsere Mundwinkel kontrollieren: „Ach, ich dachte, du wolltest dein Leben glücklich und fröhlich gestalten? Wieso zeigst du deine Absicht nicht nach außen, sondern hast solch einen verkaterten Gesichtsausdruck? Wenn du fröhlich sein willst, dann mach ein fröhliches Gesicht!"

Merken wir uns also: Die Gesichtsmuskulatur wird nicht nur durch die Gefühle gesteuert, sondern im sogenannten Feedback-Verfahren beeinflußt unser Gesichtsausdruck auch unsere Stimmung. Diese Erkenntnis sollten wir uns zunutze machen, indem wir uns sagen: „Mach ein fröhliches Gesicht, wenn du fröhlich sein willst!"

Dieser Rat ist leicht zu verwirklichen, egal ob man jung oder alt ist. Ein zweiter Rat scheint dagegen problematischer zu sein. Psychobiologen, die den Einfluß des Körpers auf die Gefühle untersuchten, stellten fest, daß zwischen unserem Kleinhirn und unserem Lustzentrum eine Nervenverbindung besteht. Das Kleinhirn koordiniert die Bewegungen des Körpers und ist für die Aufrechterhaltung des Gleichgewichts und des Muskeltonus (Muskelspannung) zuständig.

Das Lustzentrum, welches zum limbischen System gehört, steuert die positiven und negativen Gefühle. Wir können es uns am besten als eine Art Waage vorstellen. Sind die positiven Gefühle stärker, dann senkt sich ihre Waagschale und hebt damit automatisch die Waagschale der negativen Stimmungen, so daß sie unbedeutender werden. Auf der anderen Seite hebt ein verstärktes negatives Gefühl die positive Stimmung auf.

Die vom Kleinhirn ausgehende Nervenverbindung zum Lustzentrum ist mit der Waagschale der positiven Gefühle verbunden. Sendet das Kleinhirn nun elektrochemische Impulse durch diese Nervenbahn zum Lustzentrum, senkt sich die Waagschale der positiven Gefühle und schwächt damit die negativen ab oder hebt sie sogar ganz auf. Weil das Kleinhirn mit den körperlichen Bewegungen zu tun hat, führt seine Stimulierung durch sportliche Betätigung zu einer Beeinflussung der Gefühlswelt zum Positiven hin.

Für uns ergeben sich daraus einfache Schlußfolgerungen: Bewegung schafft Freude! Dies muß Gott sicherlich gewollt haben, sonst hätte er unseren Körper nicht so sinnvoll eingerichtet. Wir können also unsere Gefühlswelt positiv beeinflussen, wenn wir uns körperlich betätigen. Sport fördert demnach nicht nur unsere körperliches, sondern auch unser seelisches Wohlergehen. Für einen Bewegungsmuffel ist es immer ein wenig unverständlich, weshalb so ein paar „Spinnerte" fast jeden Tag durch den Wald joggen, Gewichte stemmen oder irgendwelche anderen „Folterungen" auf sich nehmen, bis ihnen der Schweiß in Strömen über den Körper läuft. Wer jedoch regelmäßig trainiert, der weiß, daß man sich einfach besser fühlt. Man hat mehr Energie und Freude. Man fühlt sich nicht wie ein abgewrackter alter Klepper, sondern eher wie ein Rennpferd, das darauf wartet, endlich loslaufen zu können. Wer durch Sport körperlich fit ist, der hat nicht nur etwas Gutes für Herz, Kreislauf, Muskulatur, Gelenke oder Verdauung getan; er fühlt sich auch besser, energiegeladener und ausgeglichener. Kommt dazu noch eine positive Lebenshaltung, wird diese Stimmung noch verstärkt.

Vielleicht gehören Sie, lieber Leser, zu der älteren Generation und sagen sich jetzt voller Resignation: „Das ist ja alles gut und schön, aber leider kann ich damit nicht viel anfangen. Ich bin alt und werde von zahlreichen Gebrechen geplagt. Wie soll ich da noch Sport treiben? Für mich ist dieser Zug schon lange abgefahren!" Ich möchte deshalb für die älteren Leser etwas Ermutigendes erzählen und damit deutlich machen, daß für viele Senioren der Zug noch im Bahnhof wartet. Die folgende Geschichte hörte ich in einem Seminar über Lebensfragen.

An der adventistischen Loma Linda-Universität in den USA machte man sich vor einigen Jahren darüber Gedanken, in welchem Maße man die körperliche Situation von älteren Menschen durch Sport verbessern könnte. Um diese Frage zu untersuchen, lud man Männer und Frauen, die bis zu ihrem siebzigsten Lebensjahr keinen Sport getrieben hatten, zu einem Trainingsprogramm ein. Unter ihnen befand sich auch eine Frau Crooks. Sie hielt nicht viel von Sport und Gymnastik, betrachtete aber dieses Testprogramm als amüsante Abwechslung. Ihr körperlicher Zustand entsprach dem Durchschnitt der älteren Bevölkerung: Übergewicht, Gelenkbeschwerden, schwacher Kreislauf und andere Zipperlein.

Vorsichtig und behutsam begannen die Ärzte diese Seniorengruppe zu trainieren mit einfachen und nicht sehr anstrengenden Übungen. Langsam konnten nach einiger Zeit die Belastungen gesteigert werden, weil sich die körperliche Situation der Testpersonen von Woche zu Woche verbesserte. Frau Crooks war von dem erwachenden Fitnessgefühl begeistert – eine Erfahrung, die sie noch nie in ihrem Leben gemacht hatte. Sie fühlte sich einfach besser, energiegeladener und jünger. Ihre sogenannten Altersbeschwerden ließen nach.

Schließlich entschloß sie sich, einen Berg zu besteigen, um ihre körperliche Leistungsfähigkeit unter Beweis zu stellen. Sie wählte dafür den Mount Whitney, den höchsten Berg der USA außerhalb Alaskas. Er ist 4418 Meter hoch. Für diese Tour brauchte Frau Crooks drei Tage. Sie war von dem Erlebnis der Bergbesteigung so begeistert, daß sie sich entschloß, jedes Jahr den Mount Whitney zu besteigen, um sich ihr eigenes Fitnesszeugnis auszustellen. Wie ich hörte, hat sie ihren Entschluß bis zu ihrem neunzigsten Lebensjahr verwirklicht.

Wir sehen, auch ein unsportlicher Rentner hat die Möglichkeit, ein Gefühl von Fitness zu entwickeln, wenn er unter ärztlicher Kontrolle ein auf ihn abgestimmtes Trainingsprogramm beginnt. Das heißt natürlich nicht, daß jeder dadurch befähigt wird, Fünftausender zu besteigen. Man sollte keine übertriebenen Erwartungen haben. Auch vor körperlichen Überforderungen ist zu warnen. Es geht nicht darum, Höchstleistungen zu erbringen, sondern die körperliche Situation zu verbessern. So manche Altersdepression hat vielleicht ihre Ursache allein in der Bewegungsscheu. Fehlender Schwung und Kraftlosigkeit werden nicht durch Ausruhen im Sessel bekämpft, sondern durch Gymnastik und Spaziergänge in der frischen Luft. Frau Crooks hat es bewiesen.

Eine weitere Möglichkeit, unsere Gefühlswelt über den Körper positiv zu beeinflussen, ist die Entspannung. Auf diesem Gebiet tummelt sich eine ganze Reihe von Experten und „Halbwissenden". Gerade Anhänger und Stifter asiatischer Religionen oder westliche Esoteriker suchen durch zahlreiche Bücher und Kurse dem verspannten und gestressten Europäer Hilfe anzubieten. Daß sie damit auch immer ihre Philosophien verkaufen wollen, wird natürlich verschwiegen. Entspannungstechniken, die hypnotische oder autosuggestive Methoden mit Religion und unbiblischer Philosophie verbinden, sind deshalb nicht empfehlenswert.

Es gibt jedoch ganz natürliche und wertfreie Möglichkeiten, verspannte Muskeln zu lockern und damit auch gefühlsmäßige Verkrampfungen abzubauen. Schauen Sie sich einmal in der Stadtbücherei nach entsprechender Literatur um. Empfehlenswert ist die Kurzentspannung nach Jacobsen: lang ausgestreckt auf ein Sofa legen, Hände hinter dem Kopf verschränken und dabei die Ellbogen nach hinten drücken, Zähne und Lippen aufeinanderpressen, Beine strecken und Fußspitzen anziehen, einatmen, Luft anhalten und alle Muskeln anspannen, einschließlich der Bauchmuskeln, danach ausatmen und sich fallen lassen, alle Glieder lockern. Eine Teilentspannung kann auch dadurch erreicht werden, daß Sie sich recken und strecken und danach entspannt in Ihren Stuhl zurücksinken. Sie haben dies sicherlich schon einmal bei Katzen gesehen.

Alle Entspannungsübungen sind eigentlich nur als Hilfe gedacht, wenn das Kind schon in den Brunnen gefallen ist. Viel besser wäre es, Verspannungen gar nicht erst aufkommen zu lassen oder ihnen sofort im Moment ihrer Entstehung zu begegnen. Wie in allen

Fragen der Gesundheit sind auch hier Vorsorge und Verhütung besser als eine spätere Behandlung. Wer heute schon die Zigaretten in den Mülleimer wirft, braucht sich morgen nicht wegen eines Raucherbeins zu ängstigen. Wer kontrolliert ißt, braucht nicht zu fasten, und wer seine Rede mäßigt, braucht sich später nicht zu entschuldigen.

F. M. Alexander hat schon vor dem ersten Weltkrieg versucht, seinen Landsleuten in England eine entspannte Lebensweise zu vermitteln. Er wurde damals von nur wenigen Fachleuten verstanden – vielleicht weil er seine Ideen ein wenig zu kompliziert dargestellt hat. Trotzdem konnte er mit seiner Methode vielen Menschen helfen, gesünder und ausgeglichener zu leben.

Im Prinzip ist seine Idee ganz einfach. *F. M. Alexander* versuchte seinen Mitmenschen zu zeigen, wie sie in den alltäglichen Situationen des Lebens locker und entspannt sein können: Beim Sprechen, Sitzen, Aufstehen, Treppensteigen oder Gehen sollten seine Patienten versuchen, völlig entspannt und innerlich gelöst zu sein. Um dies zu lernen, ist natürlich besonders in den ersten Wochen eine bewußte Beobachtung und Kontrolle des Körpers nötig. Nehmen wir zum Beispiel die Kiefermuskeln: Viele Menschen benutzen sie nicht nur zum Essen oder Reden, sondern auch zum Autofahren, Nachdenken, Gehen oder Fernsehen. Ständig bewegen sich ihre Kiefermuskeln mit, wenn sie nicht schon völlig verkrampft sind. Beobachten Sie einmal Ihren Schulterbereich. Auch dort setzen sich oft Verkrampfungen fest: Die Schultern sind leicht hochgezogen, die Nackenmuskulatur ist verspannt und der Hals steif. Kein Wunder, daß Rücken, Arme und der Kopf schmerzen.

Versuchen Sie einmal in den kommenden Wochen,

Ihren Körper genau zu beobachten und immer wieder Ihre Muskeln in einem entspannten Zustand zu halten. Sie werden am Abend nicht so erschöpft sein, auch wenn der Arbeitstag schwere Belastungen mit sich brachte.

Die Meister der asiatischen Sportarten legen interessanterweise großen Wert auf eine entspannte Körperhaltung. Durch jahrhundertelange Erfahrungen ist ihnen klargeworden, daß ein verspannter Körper auch das Denken blockiert und dem Menschen somit die Möglichkeit nimmt, richtig und angemessen zu reagieren. Diese Erkenntnis gilt sicherlich nicht nur in der Selbstverteidigung, sondern in allen Bereichen des Lebens. Wer mit verkrampften Fingern eine Mozartsonate spielen möchte, wird nicht nur mit den exakten Notenwerten Schwierigkeiten haben, er wird auch die Noten nicht richtig erkennen und umsetzen können. Wer mit verkrampften Schultern vor der Schreibmaschine sitzt, der hat auch mit Konzentrationsstörungen zu kämpfen.

Sicherlich werden Sie in ihrem Leben oft erfahren haben, daß negative Gefühle und Verspannungen der Muskeln eng zusammenhängen, während wir uns in einer fröhlichen Stimmung locker fühlen. Weil aber nicht nur die Gefühle den Körper steuern, sondern auch der Körper die Gefühle beeinflußt, sollten wir dies zu unserem Vorteil nutzen. Eine entspannte Körperhaltung ist zwar kein Allheilmittel gegen seelische Belastungen, aber sicherlich ein Baustein glücklicher Lebensgestaltung.

Das dritte Bein

Man sagt, ein Schemel benötige drei Beine, um stehen zu können. Deshalb möchte ich zum Schluß noch auf einen dritten Weg hinweisen, wie man zu einer glücklichen Lebenshaltung finden kann. Eigentlich ist er in diesem Buch schon immer wieder angeklungen. Wir brauchen in unserem Leben einen festen Halt, eine Quelle der Kraft und einen Lebenssinn, der auch angesichts des Todes Bestand hat. In wirklich schwierigen Situationen, in Konflikten, die unsere Nerven bis zum Zerreißen anspannen, und bei seelischen Belastungen, die unsere Tragkraft an ihre Grenze bringen, brauchen wir die Hilfe eines, der stärker ist als wir Menschen und der uns dennoch in unseren Nöten versteht. Deshalb ist der christliche Glaube die dritte und wichtigste Stütze seelischer Ausgeglichenheit. Wir müssen aber dabei bedenken, daß biblisches Christentum von dem unterschieden werden muß, was Menschen daraus gemacht haben.

Durch den Einfluß menschlicher Ideen und Philosophien wurden die Aussagen der Bibel oft verändert und verfälscht, so daß der Glaube zu einer Belastung für die Menschen wurde und ihr Seelenleben empfindlich störte. Denken wir an die Angst vor dem grausam strafenden Gott, an überhöhte sittliche Forderungen, die Gott nicht geboten hat und kein Mensch ständig erfüllen kann, an den Verzicht auf Lebensfreude als

Voraussetzung wahrer Heiligkeit, an die Predigten vom heiligen Krieg, die den Haß verkündigten, oder an die Entwicklung von Höllenängsten, die im Mittelalter häufig zu Selbstmorden sensibler Menschen geführt haben. Wir sehen an diesen wenigen Beispielen schon, daß ein falsch verstandenes Christentum die Menschen unglücklich machen kann.

Der Glaube, den Christus uns vorgelebt hat, ist dagegen ganz anders. Wie wir an einigen Beispielen gesehen haben, möchte Gott, daß wir schon auf dieser Erde glücklich sind. Er zwingt uns natürlich nicht den entsprechenden Lebensstil auf, sondern rät und bittet uns, auf ihn zu hören. Freiwilligkeit ist also sein Grundsatz, weil Zwang weder ein Zeichen von Liebe ist, noch von uns Menschen erwünscht wird.

Viele Menschen glauben nicht an das Dasein Gottes. Sie meinen, die Welt sei durch Zufall aus dem Nichts entstanden. Sie werde auch eines Tages zerfallen und im Nichts verschwinden. Alle Lebewesen, einschließlich der Menschen, hätten sich aus primitiven Formen höherentwickelt, wobei zufällige Mutationen und der Kampf ums Dasein diese Entwicklung mit vorangetrieben hätten.

Dieser Glaube an die Evolution ist jedoch im strengen naturwissenschaftlichen Sinn noch nicht bewiesen worden. Man darf die Entwicklungslehre nur als eine Arbeitshypothese der Wissenschaftler betrachten, weil man sich in der Naturwissenschaft entschlossen hat, die Gottesfrage bei allen Forschungen auszuklammern. Man will also die Welt ohne die „Hypothese Gott" erklären. Aus Unkenntnis dieser Voraussetzung sind viele Menschen blind dafür geworden, daß letztlich alle „Beweise" für die Evolution von dem unbeweisbaren Punkt ausgehen, daß Gott nicht existiert und diese Welt von ihm nicht in sechs

Tagen geschaffen worden ist. Alle Beweise der Evolutionstheorie können deshalb auch anders ausgelegt und verstanden werden. Sie lassen sich genausogut als Hinweise auf eine Schöpfung benutzen. Es kommt nur darauf an, mit welchem Vorverständnis man an sie herangeht oder durch welche Brille man sie betrachtet. Letztlich muß an die Evolution genauso geglaubt werden wie an die Existenz Gottes. Was wirklich am Beginn unserer Weltgeschichte geschah, wurde von keinem Videoband aufgezeichnet. Es ist also nur im Glauben zu erfassen.

Beide Weltanschauungen haben jedoch unterschiedliche Konsequenzen für unser Leben, wenn wir nicht bei oberflächlichen Erklärungen stehenbleiben. Sie sollen hier nur kurz angerissen werden: Bin ich davon überzeugt, ich sei nur ein Zufallsprodukt und Kampf bestimme das Leben in allen seinen Bereichen, dann fühle ich mich verloren in dieser Welt und ständig angegriffen. Angst, Sinn- und Hoffnungslosigkeit bestimmen mein Leben. Dies wird besonders dann der Fall sein, wenn der Tod in meinen Lebenskreis einbricht, mein kleines, selbstgebasteltes Paradies zerstört und mir das nimmt, was ich liebe und an das ich mich bisher klammern konnte.

Glaube ich jedoch, daß Gott existiert und mich liebt, dann weiß ich mich als sein Geschöpf. Ich bin mir sicher, daß er mein Leben erhält, daß er mich führt und mir beisteht. Dieses Wissen wird durch meine persönlichen Erfahrungen bestätigt. Ich erlebe immer wieder, wie Christus mir Kraft schenkt, um die Probleme des Alltags bewältigen zu können. Wenn Sorgen und Schuld mich quälen, werde ich durch ihn davon befreit. Ich weiß, daß er mir zur Seite steht, mich liebt und trägt. Dies macht mein Leben froh und heil. Sollte auch der Tod nach mir greifen, ich fühle mich nicht verloren, sondern bin in der Liebe Gottes geborgen. Dies bedeutet für mich, daß er mich zu einem neuen Leben auferwecken wird. Dann wird es kein Leid mehr geben und auch keine seelischen Nöte, sondern immerwährende Freude.

Wahres Glücklichsein ist nur möglich, wenn das Leben von Hoffnung bestimmt ist. Sind unsere Zukunftsaussichten nur schwarz, haben wir keine Perspektiven mehr oder sehen wir keinen Horizont, sinkt uns nicht nur der Mut. Wir stehen dann auch in der Gefahr, enttäuscht und verbittert zu werden. In einer solchen Situation befinden sich viele ältere Menschen, die sich bewußt sind, daß sie im Wartezimmer des Todes sitzen und bald aufgerufen werden. Viele ihrer Freunde und Angehörigen sind schon weggestorben. Sie selbst haben körperlich und geistig abgebaut. Wenn sie in die Zukunft blicken, dann wissen sie genau: Es wird nichts mehr besser; es wird alles nur noch schlechter und unerträglicher! Ich werde gebrechlicher werden und hilfsbedürftiger, vergeßlicher und schwächer, und eines Tages versinke ich im Nichts. Das kann schon deprimieren! Deshalb ist es kein Wunder, daß so viele ältere Menschen an Altersdepressionen leiden. Sie haben keine Hoffnung, kein Ziel und keine Zukunft. Deshalb haben sie so wenig Freude. Es ist ja auch verständlich: Wer den Glauben an Gott, den Lebensspender, aufgibt, dem bleibt nur noch der Tod.

Wessen Leben jedoch von der christlichen Hoffnung der Auferstehung von den Toten bestimmt wird, der kann der Zukunft ganz anders begegnen. Zwar weiß er, daß zeitweise vieles für ihn schlechter wird, aber mit der Wiederkunft Jesu Christi wird dies belanglos werden. Das Leben endet also nicht im Tod, sondern in der Ewigkeit und Liebe Gottes, wenn

Christus für uns eine neue Erde schaffen wird, auf der es kein Leid mehr geben wird.

Dieses Gefühl der Geborgenheit in Gott hilft uns, trotz schwieriger Lebenssituationen zu einer positiven und freudigen Grundstimmung zu finden. Unser Leben hat einen tiefen Sinn, der auch angesichts des Todes und der Zerstörung dieser Welt Bestand hat. Nicht leere Philosophien oder vergängliche Dinge geben uns dann Halt, sondern der ewige Gott, der das Gute und die Liebe ist. Deswegen können wir glücklich sein.

Vergessen wir also niemals, daß zwei Stützpfeiler für ein glückliches Leben zu wenig sind. Wenn wir nicht länger auf einer schwankenden Plattform balancieren wollen, dann brauchen wir neben einer geistig-seelischen und einer körperlichen Stütze auch ein geistliches Fundament, das „dritte Bein".

Am Ende steht ein Anfang

Vielleicht gehören Sie, lieber Leser, zu den Menschen, die zuerst die letzten Seiten eines Buches aufschlagen. In dem Falle betrachten Sie die nun folgende Zusammenfassung als Einführung.

Wir sind davon ausgegangen, daß zwar alle Menschen glücklich sein wollen, es aber oft nicht sind. Viele sind enttäuscht vom Leben, deprimiert und niedergeschlagen oder voller Aggressionen gegen sich und die Umwelt, oder sie werden von Ängsten, Sorgen und Befürchtungen gequält. Uns ist bewußt geworden, wie stark sich eine solche negative Gefühlswelt auf unseren Körper auswirkt und ihn krank macht. Vergessen Sie nicht, daß bis zu 80 Prozent aller Patienten einer ärztlichen Allgemeinpraxis unter Gefühlsbelastungen leiden, die ihre körperlichen Störungen verursacht haben. Werden diese funktionellen Krankheiten nur medikamentös behandelt, kommt es natürlich zu keiner dauerhaften Heilung. Weil die Ursachen dieser körperlichen Störungen im Gefühlsbereich liegen, muß die Hilfe auch hier angesetzt werden.

Wir stellten uns die Frage: Wodurch werden unsere Gefühle gesteuert, und wie können wir diese Steuerungsmöglichkeiten nutzen, um eine positive und helle Gefühlswelt aufzubauen, die wiederum unsere körperliche Situation verbessert?

Unser Körper wird nicht nur von den Gefühlen beeinflußt, sondern er wirkt auch selbst auf unsere Stimmung ein. Bei einer Infektionskrankheit oder Übermüdung werden wir uns deshalb auch nicht gut fühlen. Wir haben gesehen, daß körperliche Bewegung unsere Stimmung aufhellt, während Bewegungsmangel unsere gute Laune sinken läßt. Drogen, Alkohol, Nikotin und zahlreiche Medikamente sind weitere Einflußfaktoren. Die körpereigene Chemie mit ihren Hormonen darf nicht übersehen werden. Sauerstoffmangel und Fehlernährung wirken sich negativ auf unsere Stimmung aus. Ein Mangel von Nikotinsäureamid in der Nahrung führt beispielsweise zu unbegründeten Ängsten, Depressionen und Entmutigung.

Sie sehen, der körperliche Einfluß ist ein wichtiger Faktor für ein stabiles Gefühlsleben. Durch einen gesundheitsbewußten Lebensstil, durch vollwertige Nahrung, durch Meiden von Rausch- und Genußgiften und auch durch Entspannung und körperliches Training haben wir die Möglichkeit, stabilisierend auf unser Seelenleben einzuwirken. Natürlich dürfen wir nicht vergessen, daß der Körper nur eine Möglichkeit darstellt, die Gefühle zu beeinflussen.

Kommen wir zu unseren Gefühlen selbst. Das limbische System, das unsere Gefühle steuert, kann sich manchmal auch selbst beeinflussen. Dies geschieht zum Beispiel durch kleine unkontrollierte Entladungen der Neuronen, der Hirnnervenzellen, die täuschende Gefühle und Eindrücke auslösen können.

Gehirntumore sind ein weiterer nicht so häufiger, aber sehr ernster Faktor. Weiter besteht auch die Möglichkeit einer Störung der sogenannten Neurotransmitter. Dies sind Überträgerstoffe, die den elektrischen Impuls einer Hirnnervenzelle in chemischer

Form auf die nächste Nervenzelle übertragen. Es gibt wahrscheinlich Hunderte dieser chemischen Stoffe. Ihre Erforschung steckt noch in den Kinderschuhen. Deshalb ist zu erwarten, daß in den nächsten Jahren Medikamente entwickelt werden, die bisher unheilbar psychisch Kranke gesund machen könnten. Störungen der Neurotransmitter führen unter anderem zu Depressionen.

Liegt die Ursache unserer Probleme in diesem Bereich, bleibt uns der Weg zum Facharzt nicht erspart. Deshalb sollte man sich nicht schämen, bei schweren oder länger anhaltenden seelischen Störungen einen Arzt für Psychiatrie und Neurologie aufzusuchen. Unser Gehirn ist ein Organ und kann genauso erkranken wie Herz oder Magen.

In diesen Bereich gehören auch Konflikte und Erlebnisse der Vergangenheit, die nicht verarbeitet wurden und deshalb vom Unbewußten her ständig Gefühlswelt und Verhalten stören. Auch in dieser Beziehung sind wir auf den Fachmann angewiesen. Der Psychotherapeut ist darin ausgebildet, Ursachen einer seelischen Erkrankung zu entdecken und verdrängte Konflikte zu bereinigen. Ein christlich eingestellter Psychotherapeut ist hier vorzuziehen, weil er bei der Frage echter Schuldgefühle einen sicheren Ausweg weiß: Vergebung, Befreiung und Annahme durch Christus.

Der nächste Bereich der Einflußnahme auf die Gefühle sind unsere Wahrnehmungen. Sie wirken nicht nur über Körper und Denken auf die Gefühle ein, sondern auch direkt. Hier kann eine ganze Reihe von Störfaktoren aufgezählt werden, von denen nur die beiden folgenden herausgegriffen werden sollen: lautstarke, aggressive Musik und brutale Filme.

Die Schriftstellerin Ellen White schrieb in einem

ihrer Bücher: „Durch Anschauen werden wir verändert." Alles, was wir sehen und hören, wirkt sich demnach aufbauend oder zerstörerisch auf Charakter und Gefühlswelt aus. Als engagierte Christin rief Ellen White deshalb ihre Mitmenschen auf, sich nicht mit negativen Dingen vollzustopfen, sondern sich mit dem Positiven und Aufbauenden zu beschäftigen. Wer sich also einen Horrorfilm nach dem anderen anschaut oder Romane liest, die Verbrechen, Gewalt, Okkultes und Unheimliches in schillerndsten Farben malen, der darf sich nicht wundern, wenn seine Gefühlswelt dementsprechend ruinös aussieht. Wir haben es in der Hand, unsere seelische Ausgeglichenheit zu fördern, indem wir auswählen, womit wir uns beschäftigen und was uns beeinflussen soll.

Der letzte Bereich ist das Denken. Wir haben uns mit ihm am ausführlichsten beschäftigt, weil unser Denken uns nicht nur über das Tier hinaushebt. Wir haben mit ihm auch eine besondere Möglichkeit, unsere Stimmung zu beeinflussen. Viele unserer Gefühlsreaktionen haben ihre Ursache nicht so sehr in der Umwelt als vielmehr in unserem Denken über die wahrgenommenen Situationen. Durch Änderung unserer Einstellung können wir deshalb zahlreiche negative Gefühle verhindern, abschwächen oder abbauen. Diese neue Einstellung zum Leben, zu uns selbst, zu unseren Mitmenschen oder auch zu Gott fällt uns natürlich nicht in den Schoß. Wir müssen uns vielmehr eine längere Zeit darum bemühen, bis wir gewohnheitsmäßig anders denken und deshalb auch harmonischer reagieren.

Ich möchte deshalb zum Schluß ein Bibelwort im guten alten Lutherdeutsch zitieren, das der Apostel Jakobus schrieb: „Seid aber Täter des Worts und nicht Hörer allein; sonst betrügt ihr euch selbst. Denn wenn jemand ein Hörer des Worts ist und nicht ein Täter, der gleicht einem Mann, der sein leibliches Angesicht im Spiegel beschaut; denn nachdem er sich beschaut hat, geht er davon und vergißt von Stund an, wie er aussah." (Jakobus 1, 22–24.)

Ich habe versucht, Ihnen einen Spiegel vorzuhalten und Wege aufzuzeigen, wie erkannte Mißstände geändert werden können. Jetzt ist die Reihe an Ihnen, lieber Leser, dies in die Tat umzusetzen und sich auf den Weg seelischer Ausgeglichenheit zu begeben. Vergessen Sie nicht: Glücklichsein kann man lernen!

Leo R. van Dolson
Stress — und doch topfit

Der Begriff „Stress" gehört zweifellos zu den meistge-
brauchten Wörtern unserer Tage. Ob aber auch immer richtig verstanden und angewandt? Dem Leser
werden zahlreiche Tips zur Stressbewältigung
gegeben, die alle auf eine gesunde Lebensweise, das
Herausbilden eines bewußten persönlichen Wertesy-
stems und ein positives Verhältnis zu Gott und zur
Religion abzielen.

119 Seiten, Paperback, 11 x 18 cm
Best.-Nr. 569, DM 9,80

Douglas Cooper
Leben heißt lieben

Vertrauen wagen. Zuhören können. Vergeben und
vergessen. Einen Menschen annehmen, wie er ist. Ja
sagen zu sich selbst. Was empfinde ich für Menschen, mit denen ich zusammenlebe? Darf ich Liebe
verweigern, weil sie scheinbar nichts bewirkt? Liebe
kann man lernen. Sie macht das Leben lebenswert.
Doch nicht alles, was wir Liebe nennen, ist Liebe.
Liebe, die diesen Namen verdient, ist
Antwort auf Gottes Liebe, die auf dieser
Welt von Jesus Christus vorgelebt wurde.
Er macht uns Mut zum Wagnis der Liebe.

173 Seiten, Paperback, 11 × 18 cm
Best.-Nr. 552, DM 8,80

Douglas Cooper
Freude am Leben

Offenheit. Freiheit. Glück. Hoffnung.
Liebe. Dem vermeintlichen Schicksal die Stirn bieten.
Probleme erkennen, aber sich nicht darin verlieren.
Das Leben formen und gestalten. Wie werde ich mit
meinem Alltag fertig? Kann ich mich freuen,
wenn alles sinnlos erscheint? Gebe ich dem Leben
eine Chance?
Freude ist kein seichtes Gefühl, das von äußeren
Umständen abhängig ist. Freude ist eine Haltung. Sie
fordert heraus und geht auf den anderen zu. Freude
und Liebe sind Grundvoraussetzungen für ein sinn-
volles Leben.

128 Seiten, Paperback, 11 × 18 cm
Best.-Nr. 561, DM 8,80

Bitte Gesamtverzeichnis „Bücher — Wegweiser für unser Leben" anfordern bei
Saatkorn-Verlag GmbH, Postfach 13 22 15, D-2000 Hamburg 13